LAS HISTORIAS QUE ~~NUNCA~~ CONTAMOS

• Martha Figueroa y René Solorio •

LAS
HISTORIAS
QUE ~~NUNCA~~
CONTAMOS

Secretos, intimidades, locuras
y muchas más revelaciones de los famosos

AGUILAR

Las historias que nunca contamos
Secretos, intimidades, locuras y muchas más revelaciones de los famosos

Primera edición: octubre, 2020

D. R. © 2020, Martha Figueroa y René Solorio

D. R. © 2020, derechos de edición mundiales en lengua castellana:
Penguin Random House Grupo Editorial, S. A. de C. V.
Blvd. Miguel de Cervantes Saavedra núm. 301, 1er piso,
colonia Granada, alcaldía Miguel Hidalgo, C. P. 11520,
Ciudad de México

www.megustaleer.mx

D. R. © Penguin Random House / Amalia Ángeles, por el diseño de cubierta
D. R. © iStock by Getty Images, por la ilustración de portada
D. R. © fotografía de René Solorio, archivo personal del autor
D. R. © fotografía de Martha Figueroa, cortesía de Televisa para Martha Figueroa
D. R. © Mireille Escandón Hochstrasser, por la ilustración de la p. 1

ISBN: 978-607-319-620-8

Impreso en México – *Printed in Mexico*

El papel utilizado para la impresión de este libro ha sido fabricado a partir de madera procedente
de bosques y plantaciones gestionadas con los más altos estándares ambientales, garantizando
una explotación de los recursos sostenible con el medio ambiente y beneficiosa para las personas.

Penguin
Random House
Grupo Editorial

Mejor amigo, todos mis libros
son para ti. Siempre.

MARTHA FIGUEROA

· · · · · · · · · · · · · · · · · · ·

Para Héctor Copca.

RENÉ SOLORIO

ÍNDICE

AGRADECIMIENTOS

A David García Escamilla, por ser mi mejor cómplice editorial. Gracias por confiar en esta autora loca.

A René Solorio, un amigo y compañero maravilloso.

A Federico Wilkins, por la feliz ocurrencia.

Martha Figueroa

A David García Escamilla, por la confianza y el entusiasmo en este proyecto.

A mi querida Martha Figueroa, por ser la confidente de mis historias, por los grandes momentos de alegría y porque eres una amiga fuera de serie.

A mi familia, Sue Yein Butcher, Marco Walls y Federico Wilkins.

René Solorio

PRÓLOGO

Soy de las personas que piensan que escribir un libro es un gran acontecimiento (más que plantar un árbol, pero menos que tener un hijo).

René y yo nos conocemos desde que éramos un par de jóvenes aguerridos. Para que se den una idea más concreta, él trabajaba en el programa *Ciudad desnuda,* y yo, en *Ventaneando*. Desde entonces somos amigos.

Pero, entre las vueltas que da la vida y que René es un trotamundos, los últimos años estuvimos separados por un montón de kilómetros.

El año pasado, al regresar de unas inspiradoras vacaciones en China, mi hijo y yo decidimos hacer una escala en Los Ángeles, California, para descansar del "vuelazo" desde Beijing, empaparnos de occidente y visitar a René, que era productor en CNN en español.

Y como siempre que nos vemos parece que no ha pasado el tiempo, nos pusimos al día, comimos, nos reímos y prometimos hacer algo juntos pronto (como cuando quedas con alguien para ir a comer y nunca sucede).

Pero cuatro meses después, René vino a la Ciudad de México y fuimos a buscar chiles en nogada sin saber que también encontraríamos la idea de hacer un libro juntos.

Para no hacerles el cuento largo, en la comida apareció Federico Wilkins, nuestro productor de hace algunos años, y mientras nos carcajeábamos recordando anécdotas de nuestras aventuras televisivas —*Duro y directo*, *Hechos*, *Big Brother*, *Siempre en domingo* y un interminable etcétera— Federico, que es un apasionado de la información y la tele, nos dijo:

—Ustedes dos tienen que hacer un libro... ¡decidido!, ¡no se hable más!

René y yo nos volteamos a ver emocionados y dijimos que sí, pero no muy en serio.

Pero Wilkins siguió feliz organizando el proyecto. Y nos decía cuáles historias poner y cuáles no:

—No, ésta es muy fresa. Mejor la otra. Tienen que contar cuando Roberto Carlos se fue con la esposa de... ¡Coño, va a ser un bombazo!

Bueno, ideó hasta la campaña de promoción en los aeropuertos y todo. Lo cual le agradecemos mucho, pero el libro tomó otro camino. Y de la primera idea, de tintes muy escandalosos, llegamos hasta el tono divertido, interesante y ligero que están por leer. Lo siento Federico, ya haremos un proyecto más sangriento que cualquier película de Quentin Tarantino.

Las historias que ~~nunca~~ contamos, son parte de nuestras vivencias y anécdotas profesionales que se quedaron en el tintero. Por muchas razones: por censura, por olvido, porque no era el momento, porque los jefes lo prohibieron, por miedo o porque eran para morirte de risa —y antes había poco sentido del humor.

Es también un viaje en el tiempo, que esperamos disfruten, porque conocerán algunas revelaciones y confesiones que nunca habíamos compartido públicamente.

Como el secreto mejor guardado de Alejandro Sanz; el día en que Thalía se convirtió en directora de una de las firmas editoriales más importantes de Estados Unidos, o cuando José José decidió confesar el más íntimo de sus problemas.

Todas las historias son tal y como las recordamos, como nos las contaron los famosos y están escritas sin resentimientos o intención alguna de caer en la provocación.

Estamos convencidos de que las cosas siempre pasan por algo: para que existan las anécdotas.

El problema de José José

Uno de los mejores cantantes del mundo, José José, tenía a Dios en la garganta y al diablo en los pantalones.

Y lo sé porque me lo soltó una noche. Así como si nada.

Estábamos sentados frente a frente, divinos. Él de esmoquin y yo con un traje negro que me hace ver súper guapa, con la boca roja. Supongo que José pensó que era el instante ideal para dar rienda suelta a sus confesiones sexuales. No es por presumir, pero soy una mujer abierta y alivianada, y, además, tal vez le inspiré confianza porque más que una frágil dama parezco un señor a la hora de hablar de ciertos temas.

Ya habíamos platicado de su maravillosa carrera, de los tiempos de alcoholismo, de sus 25 años de sobriedad recién cumplidos, de sus amores, del cáncer, de nuestros domingos de toros y de mis años de gordura.

De pronto, me miró fijamente y justo cuando me metía en la boca una brocheta de carnita tailandesa con tocino, disparó:

"Martha, soy eyaculador precoz." Y se quedó tan fresco como la mañana.

Me saqué el canapé con el palito —cosas del instinto— y le contesté con un ambiguo:

"¿Cómo crees?", que es la mejor salida cuando no sabes qué decir y quieres ganar tiempo para pensar.

Pero la cabeza me daba vueltas entre cuatro posibles respuestas. Primero, mostrarle apoyo poniéndole una mano sobre el hombro, pero físicamente era imposible porque la mesa nos separaba. Después pensé en decirle que su problema era psicológico y tenía que ver con la culpa, el "chupe" o algún daño en el sistema nervioso (es que a veces leo cosas y las recuerdo en el momento preciso).

También consideré verme muy sabionda aportando que la velocidad media de la eyaculación masculina es de 45 kilómetros por hora (lo ví en un documental de medianoche); o restarle peso al momento y contestar entre risas "un rapidín siempre se agradece". Pues mejor no dije nada.

Aparte, no es para tanto: José José sólo tenía una muerte chiquita más chiquita que el resto de los mortales.

Me acuerdo que lo primero que pensé fue "Dios no reparte a lo tonto", a él le regaló el talento vocal, pero le quitó los 13 minutos promedio de placer sexual.

Para los lectores que no están familiarizados con el tema, un eyaculador precoz es aquel que no puede controlar la expulsión de fluidos y le ocurre antes de lo deseado (y puede pasar antes de la penetración o segundos después). Sí, qué triste.

Por cierto, ¿han visto su famoso video de "El Triste"? ¡Es una locura! Controlaba la voz de una manera impresionante, como un "Pavarotti"; pero sexualmente sólo mantenía los bríos un minuto. Es que el cuerpo humano es un misterio y los órganos funcionan como les da la gana. Se paran, no se paran, reaccionan, no reaccionan, laten de más, no laten. Qué lata.

Y ahí estaba el Príncipe, elegantísimo (porque veníamos de un homenaje que le hicieron en el Teatro Degollado, en Guanajuato), hablando sobre los caprichos de su organismo y dando cátedra sobre el riego sanguíneo del pene.

Yo, que soy toda oídos, reflexionaba sobre el destino que le tocó vivir y fue entonces que la conversación tomó un rumbo más…optimista.

Me contó que todo en la vida es cuestión de ver el vaso medio vacío o medio lleno y me reveló su fórmula mágica—matemática para alcanzar placer en el terreno de las relaciones íntimas.

Dijo que en vez de tener un coito por noche ¡tenía 6! Seis. De esta manera lograba un súper promedio. Si lo ves por el lado amable, es un dato soñado: en lugar de los 4 o 6 encuentros amorosos que tiene todo el mundo a la semana, él se aventaba 24 o 36. Al final, el "vaso lleno" del Príncipe estaba sobrado.

Como dato, José José tuvo 3 esposas (y otras compañeras sexuales, según sé), entonces la eyaculación precoz no fue un problema en su vida. Ahí queda demostrado que la cosa es acoplarse.

Esa noche nos despedimos con un abrazo largo y cariñoso, nunca volví a verlo. A las pocas semanas lo operaron, su hija Sarita se lo llevó a Miami, se mantuvo oculto (por angas o mangas) y falleció.

Sólo regresó a México la mitad de su cuerpo convertido en cenizas. Tal vez la parte afectada.

Alejandro Sanz: cuando nadie me ve...

Las fotos causaron mi asombro, pero más el video. Imágenes íntimas que muchas noches habrían causado el insomnio de Alejandro Sanz. Días de ansiedad y zozobra que lo llevaron al límite de su paciencia cuando se enteró, y denunció, que lo estaban extorsionando.

El chantaje y robo era lo de menos. Los secretos que había detrás de toda esta historia iniciada en Miami la víspera de la Navidad del 2006, fue lo que llevó al cantante a una angustia que sólo años después reconoció y contó en algunos programas de televisión.

En ese entonces la preocupación no era que el mundo supiera de la existencia de Alexander, el hijo que tuvo fuera de su matrimonio, con la modelo mexicana Jaydy Michel.

Había algo más en la desesperación y el enojo por el supuesto robo que habrían realizado sus empleados, Carlos González y su mujer, Sylvia Helena Alzate.

Esas noches sin dormir eran por la angustia de un secreto más poderoso: un video sexual.

El video que nunca creí que existiera, pero que un día llegó a ofrecerme un supuesto paparazzo hasta mi oficina en la torre SBS (Spanish Broadcasting System), un elegante edificio que, en aquel tiempo, pertenecía al magnate de medios Raúl Alarcón, ubicado en Coconut Grove, Florida.

Aquel misterioso personaje, quien nunca reveló su verdadero nombre, pero logró ingresar al edificio gracias a la ayuda del conocido del conocido…, (según me enteré después), me esperaba en una pequeña sala del mismo piso en el que se ubicaba mi oficina. Me encontré con él y le pedí que me acompañara hasta una de las salas de juntas. El "hombre misterio" hacía honor al apodo hasta por el tipo de ropa que vestía: todo de negro y unas gafas de sol. Me llamó la atención su atuendo. Cuando le pregunté en qué podía ayudarlo, no titubeo en su respuesta.

—Chico, yo soy el que te va ayudar—, me dijo.

Su actitud tenía un aire de soberbia, un tono acelerado, me hablaba de una súper exclusiva, de un escándalo del que todos hablarían, que mi portal de lamusica.com colapsaría, todo esto me lo contaba a una velocidad que correspondía a la misma habilidad que tenía de abrir un portafolio, encender una computadora portátil, colocar un USB y buscar un archivo entre muchas carpetas que abría y cerraba al mismo tiempo. Yo estaba sentado frente al paparazzi mientras él buscaba algo entre sus cosas, en esos momentos yo trataba de adivinar qué me mostraría.

Estaba acostumbrado a ver y recibir el material de los paparazzi, pero era poco habitual que llegaran hasta mi oficina, pues todo se manejaba a través de sus páginas o de correos electrónicos que enviaban con imágenes en baja resolución y que, hasta no cerrar alguna negociación, eran cambiadas por fotografías liberadas para trabajar y luego publicar.

La manera de actuar del "hombre misterio" me intrigaba, tanto, que pedí a mi editora de fotografía, Gabriela Ordoñez, que acudiera a nuestra reunión, al encuentro con lo que creí era un *paparazzo*, sin embargo, poco a poco fui descubriendo que este personaje siniestro no era lo que decía ser.

Mi editora llegó. Habían pasado 5 minutos y las fotografías comenzaron a aparecer una detrás de otra.

Shakira en bikini, Shakira con Fernando de la Rúa, Shakira en un yate.

Nada extraordinario, nada que me cautivara, ni siquiera para preguntar: "¿Cuánto por las fotos?"

Mi editora y yo nos veíamos. Conocíamos nuestras miradas sin decir una sola palabra. Pensábamos lo mismo.

Eran fotografías simples y *muy rosas*. No decían nada.

Imágenes bonitas para cualquier revista del corazón.

"Shakira y sus amigos famosos se divierten en un yate de lujo", podría ser el encabezado del *¡Hola!*

De pronto, un pantallazo.

—¿Miguel Bosé? —, pregunté.

—Sí.

—¿Desnudo? —, dijo Gaby, mi editora.

—Sí—, respondió de nuevo, no sin advertirnos (yo creo para provocar nuestra curiosidad o morbo), que había más.

Shakira, Fernando de la Rúa, Miguel Bosé y Alejandro Sanz en un yate.

Las fotos atrevidas de Bosé y de una chica en muchas posiciones sexy, con poca ropa, que no pude identificar porque no era famosa, al menos no la conocía, pero supuestamente estaría relacionada con Alejandro Sanz.

—¿Cuánto quieres por las fotos? —, pregunté.

—50 mil dólares, 50 mil por todo.

—Eso no los vale, no, no me interesa—, le dije al tiempo que me levanté de mi asiento y me disponía a darle las gracias.

Estaba casi despidiéndolo cuando vi en su rostro una sonrisa y, con una actitud retadora, me preguntó.

—Y… esto, ¿tampoco te interesa?

Giró la computadora hacía mí y apareció un video. Mi mirada se centró en un sofá, una mesa de centro con algunos objetos y una vela encendida. A lo lejos se filtraba un rayito de luz de lo que parecía ser una ventana. Percibí un ambiente *cozzy*, un ambiente agradable, también pude escuchar…

"Ella se desliza y me atropella y, aunque a veces no me importe, sé que el día que la pierda volveré a sufrir por ella, que aparece y que se esconde, que se marcha y que se queda, que es pregunta y es respuesta, que es mi oscuridad estrella…"

En escena una silueta, un hombre acomodaba frente a él algo, tal vez una video cámara y esa silueta tomó forma. No había duda. ¡Era Alejandro Sanz!

Volví a mi lugar, me senté, mientras seguía la misma canción casi en su clímax.

"…. sea, lo que quiera Dios que sea. Mi delito es la torpeza de ignorar que quien no tiene corazón. Y va quemando, va quemándome y me quema…"

Y, literalmente… ¡Alejandro Sanz! se encendía, envuelto en su música y la pasión.

Sanz estaba cómodo, sentado en lo que podría ser su casa de Miami, España o cualquier otro lugar.

Ahí estaba Sanz, no había duda. Él solo, él, en un video. Él a placer y gozando su virilidad.

Y de pronto un *click*, apagó el video y de golpe también se interrumpió el momento más placentero de Alejandro Sanz.

—Hasta aquí—, dijo el paparazzi impostor.

Cerró la computadora portátil. Lo hizo a propósito claro está. Para negociar, para ponerle más interés a la venta y sacarnos, bueno, a la compañía, los 50 mil dólares que estaba pidiendo, con la advertencia de que por ese video estaban pidiendo mucho más, pero por ser nosotros, SBS, lo dejaba a un precio especial.

Yo me preguntaba y me respondía. No le creí su oferta, mucho menos su bondad. Estaba claro que era un mercenario. Yo no había nacido ayer y también intuí, sin margen de error, que ese video era robado.

Inmediatamente pregunté cómo había obtenido el video y esas fotografías.

El paparazzo impostor dijo que no entraría en detalles.

En ese momento, y por si aún me quedaba una duda, entendí muchas cosas.

Le expliqué que, por tratarse de un video con un contenido explícito, que involucraba a una figura pública, tenía que someterlo a consideración de los ejecutivos de SBS.

Yo no podía decidir.

Me dijo que tenía 24 horas para aceptar su oferta o lo ofrecería a otros medios.

Cuando se marchó, subí al *penthouse*, donde estaba la oficina del señor Alarcón y el departamento legal.

El señor Alarcón no estaba, pero sí Stephanie, una de las abogadas del corporativo. Le expliqué los detalles de lo que había ocurrido y esperé su respuesta.

—No, no pagaremos ni un dólar—, dijo con firmeza.

Pero yo insistí e intenté ahondar en mi explicación.

—Sé que es mucho dinero, sé cuál puede ser la procedencia del video, mi intención no es comprarlo. Pero…Stephanie… Podría hacer una nota periodística de esto.

Insistí en hacer una nota, colocarla en nuestro portal de lamusica.com a petición de los ejecutivos, quienes querían notas cada vez más y más fuertes. ¡Y por fin había llegado algo como lo que ellos mismos pedían!

—Ni se te ocurra—, dijo la abogada.

En ese momento, tomó el teléfono y le llamó a alguien. Colgó y salió de su oficina y me dejó con otro de sus colegas, quien comenzó a preguntarme qué había en ese video.

Mientras yo le contaba, el abogado tomaba una posición cada vez más cómoda para escuchar, con más morbo que interés legal, mi relato fue interrumpido por Ivette, la secretaria particular de Raúl Alarcón, quien se sentó a mi lado.

Estaba agitada, muy agitada, podía percibir cómo le latía el corazón a mil, pero fue directa y me dijo.

—Esa historia nunca, nunca, escucha bien, puedes contarla.

Ivette jaló aire, se quitó sus lentes, sudaba y hacía un gran esfuerzo para conservar la calma. Cuando volvió a jalar aire y estaba un poco más tranquila intentó explicarme por qué esa historia, bajo ninguna circunstancia, debía darse a conocer.

—¿Sabes que Raúl Alarcón es… amigo de Alejandro Sanz?

—No, pero me estoy enterando.

La secretaria pidió olvidarnos de ese video y de esa historia que sólo perjudicaría las buenas relaciones con el cantante español… y algo más.

Las noches de Luis Miguel

Lo malo de ser experto en algún tema, es que terminas hartando a todos.

Aparte de que te vuelves monotemático, no puedes parar en la búsqueda de información. Aunque quieras detenerte, no te dejan. Estás tan tranquilo sin pensar en nada ¡y toma!: llegan tus contactos con más y más datos. Datos chiquitos, grandes, importantes, tontos, algunos se convertirán en noticia y otros no.

Me pasó con Luis Miguel. Hubo un momento en que tenía vueltos locos a mis jefes porque diario les traía notas muy versátiles sobre el Sol.

Habíamos publicado tanto, que la gente empezaba a quejarse ("ya aburren con Luis Miguel, hablen de otra cosa") y entonces pusieron algunos candados para autorizar mi valija informativa.

Entre las cosas que no pude publicar, estaba lo que titulé como "¿Qué hace en las noches Luis Miguel?" Me parecía una gran aportación "cultural", sobre todo para las fans.

Eran los últimos días de Micky en Acapulco, antes de que abandonara su fantástica casa-palapa para quedarse de lleno y sin retorno en Los Ángeles, California.

Luis Miguel es un ser nocturno, está acostumbrado a dormir mucho de día y vivir de noche. Por la chamba… y porque sí. Y lo que yo quería contarle al público era que, si querían ver de cerquita a su ídolo, lo único que tenían que hacer era ¡visitar la tienda Walmart a la medianoche! Así como lo oyen.

Cuentan los empleados que, durante las noches, a veces más temprano, a veces a eso de las 3:30 de la madrugada, era frecuente ver al cantante de compras. Shopping a la hora del diablo. Claro, a esas horas, mientras los acapulqueños dormían, Micky y el señor de la pulidora de piso eran los dueños y señores del lugar.

En el último avistamiento registrado, Luis Miguel estuvo en el departamento de pinturas y salió con un muestrario en la mano, seguido del que era su guardaespaldas inseparable, el moreno Big Dad. Lo que ya no supe es qué iba a pintar ni de qué color. ¡Ay, qué intriga, deveras! Pero me parecía, mínimo, divertido, imaginarlo con la brocha gorda en la mano y entre cubetas.

Otra de las aficiones nocturnas del intérprete de "Oro de ley" era pasearse con poca ropa en su recámara al ritmo de Juan Luis Guerra, por ejemplo. Entre la obscuridad de la noche y la iluminación perfecta de la mansión, se le podía ver desde la playa sin problema. A veces los guardias hacían rondines para evitar la presencia de mirones cerca de la casa, pero en la madrugada era más fácil.

La última vez me reportaron que Luis Miguel bailaba y cantaba a toda garganta el éxito de Juanes "… tengo la camisa negra porque negra tengo el alma, yo por ti perdí la calma y casi pierdo hasta mi cama, *come on, come on, come on baby*…" envuelto en una toalla blanca, encuerado de la cintura para arriba. ¡Qué maravilla! ¿Se imaginan la joya? "…*come on, come on, come on baby*, te digo con dissssssimulo, tengo la camisssa negra…"

Pero ya sabrán, sin imágenes buenas me dijeron que no y que no. Por eso mi estupendo reportaje "*¿What does Luis Miguel do at night?*"

se quedó guardado en el cajón, o mejor dicho, en el archivo. El archivo blanco de LM donde guardo años de información y que se ha mudado conmigo siete veces de casa.

De cualquier forma, tampoco crean que a los fans les hizo falta la información, porque ellas —principalmente—, se pintan solas para saberlo todo. Me acuerdo que cuando les dieron el pitazo de que Micky abandonó el nido acapulqueño y voló a Beverly Hills, estuvieron rondando hasta que pudieron colarse y disfrutarlo a su manera. Vi fotos buenísimas de las "ruinas" de la casa de la playa. El cantante dejó todo ahí: sábanas, toallas blancas, copas, ropa y hasta un condón (espero que sin ADN, porque así empieza el desastre).

Creo que al único rincón que no pudieron entrar fue a la sala escondida detrás de la cava. Se abría como pasadizo secreto y adentro había velas, gasas, lámparas, una mesa central con un haz de luz y decoración tipo *Mi bella genio*. Un sitio increíble.

Desde luego, han sido más las notas publicadas que las fallidas. Lo que me lleva a recordar una nota estrella que salió y fue un trancazo: el embarazo de Luis Miguel y Aracely Arámbula.

Les digo que mis informantes son lo máximo y no descansan. Un buen día alguien llamó y me contó —confirmadísimo— que la actriz estaba aproximadamente en el tercer mes de gestación, que se había hecho un ultrasonido y que, aunque todavía no habían visto el sexo del bebé (obvio, era muy pronto), todo iba perfecto y el parto sería a fin de año. Después de algunas llamadas para reconfirmarlo, lo solté y, por fortuna periodística, el primer hijo de la pareja —Miguel— nació en la fecha anunciada por mí y es una belleza que acaba de cumplir 13 años. *Yeah*!

Los años difíciles de Belinda

"¡La historia no es cierta! ¿Cómo se les ocurre decir que Beli intento quitarse la vida? ¿Por qué inventan cosas?" —decía Belinda Schüll, enojadísima— mientras lanzaba más preguntas que respuestas a la llamada telefónica que le hice para confirmar la información que había llegado a mi oficina en Santa Mónica, California. Esa información tenía que ver con Belinda, quien en una de sus múltiples crisis emocionales había amenazado a sus padres con quitarse la vida.

La cantante aún no era mayor de edad, pero estaba cerca de cumplir los 18 años. Un par de años antes (y algunos después de su mayoría de edad) fueron los tiempos más difíciles en la vida de la intérprete de "Boba niña nice". Fue en la gira de promoción de su álbum homónimo, *Belinda*, cuando me encontré con ella en Los Ángeles. Estaba en plena adolescencia. Era 2004 y desde entonces ya había escuchado todo tipo de historias en torno a la cantante de pop. Algunas cargadas de fatalidad y otras realmente superfluas. Como la que afirmaba que era una compradora compulsiva. Se decía que sus padres tenían que poner freno a sus caprichos. Que le fascinaba —desde la adolescencia—, la ropa de marca. Que vivía siempre atenta a lo último de la moda.

Los deseos de Belinda parecían no tener saciedad. Sus padres controlaban sus finanzas y de ese asunto también se derivaron muchos problemas.

Además de eso, había algo más en el comportamiento de la cantante. Siempre me llamó la atención que desde niña fuera una "pequeña adulta". Conversé con ella más de una vez mientras le hacíamos algunas sesiones fotográficas cuando dirigía la revista *TeleGuía*. Precisamente también cuando Beli triunfaba en las telenovelas infantiles como *Amigos por siempre*, *Cómplices al rescate*, *Aventuras en el tiempo*. Observaba que sus comentarios no eran los de una niña, pero al final, terminábamos por atribuirlo a la chispa de su talento. Para cuando ella era una *teenager*, esas mismas ideas y respuestas que tenía para las preguntas de la prensa, seguían adornadas de ese toque perfectamente estudiado. Se prendía una cámara y se transformaba, sonreía, era súper amable y atenta con todo el mundo, pero tras apagarse las cámaras y grabadoras, era otra, volvía a ese hartazgo. Así la recuerdo.

Por eso no me extrañó cuando más de una persona del cerrado grupo que manejaba en ese entonces a la intérprete de "Luz sin gravedad", confirmaba con testimonios y detalles una rebeldía en ascenso.

Rebeldía relacionada con la ansiedad por cumplir la mayoría de edad, de tomar el control de su vida, su carrera y hacer a un lado a sus padres. La desesperación por lograrlo llevó a Belinda a un límite que rozó la tragedia. Quiso terminar con su vida desde el balcón de un hotel. Esta versión también fue confirmada en su momento por el grupo que rodeaba a la cantante. Intenté corroborar esos sucesos y testimonios con los padres de Belinda, pero ellos lo negaron una y otra vez. Y ante aquella reacción tan contundente, el departamento legal de American Media, la editorial para la que entonces trabajaba, hizo a un lado mi historia. Tres argumentos avalaban la decisión:

1.— Era menor de edad.

2.— Sus padres lo negaban.

3.— El tema del suicidio.

Estuve totalmente de acuerdo y ni siquiera defendí mi propuesta, como en otras ocasiones. Creí que en verdad el tema era muy delicado. También le creí totalmente a sus padres.

Vuelo en el tiempo, 13 años después para ser exactos —recuerdo las palabras recurrentes en algunos famosos, que al sentirse atrapados se limitan a negar y a culpar a la prensa de sus desgracias—, entonces me detengo en esta frase: "Pues en algún momento sí he pensado cuando era más chiquita, ya no quería estar aquí. Estoy muy triste, no encuentro ninguna motivación." Fue la respuesta de Belinda a la pregunta directa de Gustavo Adolfo Infante en su programa de Imagen Televisión. "¿Te has querido quitar la vida Belinda?" Lanzó la pregunta, pero ya no profundizó, porque la cantante de manera muy inteligente desvió el tema. Entonces Belinda habló de que, a veces, la gente tiene la tendencia de ver sólo lo negativo, porque cuesta mucho trabajo ver las cosas positivas, pero también se puede disfrutar y ver las cosas bonitas de la vida, sostenía.

Palabras y reflexiones de Belinda en torno a la vida y la muerte. Frases de motivación y audacia que revelan una gran fuerza para salir de una crisis emocional que no debería esconderse ni por miedo, ni por presión. ¿Cuántas vidas podrían salvarse? Superada la adolescencia y la rebeldía, algo que sólo tiene cura con los años. Hoy la cantante se encuentra en el mejor momento de su vida. La motivación que antes le faltaba la vuelca en su música, la moda —lo hace estupendo— y algo también digno de admiración: el altruismo.

Si Belinda pudo domar las emociones, por qué otros no.

El secreto de Bosé

Hay historias que nunca contamos. Simplemente, porque sabemos guardar secretos.

¡Aunque usted no lo crea!, (sí, somos unos infravalorados).

En el 2012 supe que Miguel Bosé había tenido 4 hijos. El impenetrable, misterioso, ambiguo y trotamundos, era papá. No de uno, sino de cuatro.

Y no lo conté, debo confesar, porque me dio pena haberme enterado de la noticia un año tarde (tarde, pero seguro). Además, para explicar lo de los niñitos tenía que dar detalles del nacimiento y había que contar que la pareja de Bosé era un hombre; y que ambos decidieron tener, cada uno, dos bebés por medio de la gestación subrogada. Todo eso.

Bueno, la verdad, lo solté sin detalles en el programa de televisión *Hacen y deshacen*, pero sólo dije: "Bosé y su pareja ya son papás."

Aunque también sabía que juntaron a las cuatro criaturas (Ivo, Tadeo, Telmo y Diego) para que convivieran como hermanitos felices, pero con la idea de que, si algún día Miguel y su pareja decidían separarse, cada uno se llevaba a sus dos hijos y listo, sin pleitos. En una división que parecía perfecta, al menos en el papel.

Su pareja era escultor, pero en realidad no tenía tantos compradores, y el cantante adquiría muchas de sus obras. Su verdadero talento estaba en la administración del hogar y era buenísimo en las labores caseras (cosa que le fascinaba al cantante que siempre andaba de gira, pero cuando estaba en casa se fijaba mucho en los pequeños detalles). Cocinaba delicioso y mantenía impecables nido y chamacos.

¿Que cómo me enteré? No puedo revelar mis fuentes o, mejor dicho, mi suma de fuentes. Es que el intérprete de "... don diablo que es muy cuco siempre sale con el truco del futuro colorado colorín..." y yo tenemos más personas en común de las que le gustaría (entre ellos, todos sus parientes por parte de padre, muchos amigos y una que otra enemistad).

La vida amorosa del cantante español era, hasta hace dos años, uno de los secretos mejor guardados en el mundo de la música. Primero porque la prensa le temía —o ponle, respetaban— y luego porque nadie podía confirmar 100 por ciento la información. Era un secreto a voces, pero no había imágenes ni declaración oficial de Miguel y así, pues no hay nada de nada.

Siempre ha sido complicadísimo entrevistarlo, y cuando tenías la "suerte" no podías salir con: "¿Cómo es tu vida en pareja? ¿Tienes novia?" porque te mandaba a volar. Dicen por ahí que "no hay preguntas tontas" pero para Bosé todas las preguntas que vienen de periodistas de espectáculos son súper estúpidas porque odia a la prensa del corazón y, sobre todo, se siente genio. Y sí, lo es. Pero sólo un genio musical, ya si le rascas en otras facetas de su vida, es tan tonto como cualquier otro tonto.

Por supuesto, como todos los ídolos, tenía una larga lista de "romances", medio inventados por la prensa, con mujeres como Sasha, Rebeca de Alba, Ana Torroja y Daniela Romo. Pero su única relación "oficial" conocida fue con la actriz española Ana Obregón —la de la serie *Ana y los siete*—, con la que duró como 3 años a finales de los 70.

La cosa es que, aunque siempre supe del amor secreto de Miguel, me censuré. Tal vez por madurez personal o por control periodístico, o porque pensé en la estabilidad emocional de los chavitos… o porque mi compañero de programa siempre decía "qué flojera hablar de ése" y minimizaba la nota en cuestión.

Además, pensaba: "¿Quién soy yo para partirle la madre a la imagen de B-o-s-é?" Bosé, que cuando nació fue considerado "El bebé del año" (en Panamá fue todo un acontecimiento), el ahijado de Luchino Visconti, el heredero del maestro Dominguín.

Creo que la última vez que lo entrevisté formalmente fue en 2010, cuando lanzó su álbum *Cardio*, que pasó sin pena ni gloria, pero a mí me encantaba. Ya saben, donde venía "estuve a punto de, a casi casi nada, a punto estuve de, partirme bien la cara…", ¡me identificaba!

Esa mañana nos encontramos en un hotel inteligente de la Ciudad de México y entre lo "listo" del hotel y el "listo" de Bosé tuve que ponerme muy buza, pero ni así surgió algo digno de recordar.

Fue hasta 2018 cuando todo mundo se enteró de su vida amorosa, porque el escultor Nacho Palau, su pareja durante más de 20 años, soltó la bomba e inició acciones legales contra él por mudarse a México y separar a los 4 hijos que criaron juntos (y por asuntos de dinero también). ¡Yo no fui, fue Palau!

¡Uf, no saben qué triste se veía Bosé en esos días! Lo sé porque nos encontramos en una cena del show *Pequeños gigantes* y me tocó sentarme al ladito.

La verdad es que el cantante nunca ha sido una "castañuela", pero el año pasado estaba peor que nunca: saludaba lo justo, sonreía menos y platicaba poco. Yo sentía en el lado derecho del cuerpo la vibra de "nadie se mueva para que Miguel no se enoje, evitemos conflictos y, por favor, nadie le pregunte nada". Claro, con tanta cosa me estresé y ya no pude ni pedirle el pan —que es lo que se me había ocurrido para romper el hielo en la mesa— (a veces hay que regresar a las cosas sencillas de la vida).

Pensé decirle casual: "Miguel ¿me pasas el pan, por fa?" Y de ahí seguirme derecho y preguntarle por la vida, la salud y los niños, pero no me dio tiempo. No se pudo porque, Miguel… ¡se molestó por algo a medio bocado, se levantó y se fue!

No lo juzgo, el 2018 fue uno de sus peores años: perdió la voz, se separó de su pareja y de dos hijos, tuvo problemas con Hacienda, a su mamá (q.e.p.d) la querían meter presa por un cuadro de Picasso y estaba peleado a muerte con la ex presidenta Bachelet y con Nicolás Maduro. ¡Así no se puede ser feliz!

Pero regresando a nuestro tema, hubo un tiempo en que un medio español soltó que Bosé tenía un novio llamado Nacho, y como lo veían inseparable del actor porno, Nacho Vidal, juraron que era el afortunado (aunque para algunos, el suertudo sería Miguel, por las proporciones colosales de Nacho). Pues la prensa se equivocó de "Nacho". Hay que aclarar que Bosé y Vidal se saludan de beso en la boca porque son modernos y, claro, la gente se va con la finta.

El "Nacho porno" es conocido en todo el mundo por sus más de 600 películas xxx como protagonista, y también por aparecer en el video de la canción "Down with love" de Bosé, digo, por si lo quieren conocer en una actuación más recatada.

Fueron socios en un restaurante en Colombia, después de que el ex presidente Álvaro Uribe le dio la nacionalidad colombiana a Miguel. Lo raro es que nunca se supo bien el menú del lugar, porque si le preguntabas al cantante te decía que había comida buenísima y si le preguntabas al actor, contestaba que era un "puticlub".

Es que el señor Vidal tiene una vida muy movida. La última vez que visitó México, como invitado especial en una Expo de sexo (lo que sea que eso signifique), terminó detenido 27 horas en los separos de Iztapalapa, que deben ser horripilantes porque cuando salió dijo que era "el peor agujero en el que había estado". Calcule usted.

Volviendo a Bosé, nunca ha querido contar su vida. O la parte que no sabemos. Yo digo que es un personaje muy interesante porque es como dos personas en una y, partiendo de ahí, ya vas de gane. Por una parte, el artista, loquísimo, innovador y siempre adelantado a su época en muchos sentidos; luego está la persona que hace cosas como apoyar a las comunidades indígenas, pelearse con los presidentes en busca de la paz, bucear con tiburones, pasar horas en su huerto cosechando legumbres y, últimamente, yendo a fiestas y eventos infantiles como todo un buen padre.

Hace como 16 años autorizó que escribieran una biografía suya, se echó para atrás a la mitad del libro y terminó enojado con el escritor. Después, decidió que mejor le hicieran un documental (que tampoco vimos) y, ahora, ya firmó con Eva Longoria y Pepe Bastón para hacer una serie de su vida, en la que pretenden contar todas las etapas sin censura.

Que si su madre, que si su padre, que si las mallas, que si Picasso, que si el sexo, que si los discos fracasados, que si Almodóvar, que si su gran amistad y pleito con Alejandro González Iñárritu (una de todo se entera), que si Nacho 1, que si Nacho 2...

Miguel, hijo, no te arrepientas. Ya es hora.

La fan que se coló a la casa de Kate

Es común enterarnos de lo que algunos fans de las estrellas son capaces de hacer con tal de llegar a estar cerca de la figura que más admiran y aman. Historias hay muchas, algunas buenas y otras que lamentablemente han terminado en tragedia. Pero ésta es una que vale la pena contar y por nada del mundo puedo omitir.

Kate del Castillo es una actriz que cautiva con su presencia; sus fans se cuentan por millones y, uno de esos millones, logró una hazaña rocambolesca.

La pericia de esa fan no me extrañó, pero sí me causó, primero, asombro, y después, temor. Una de sus más fieles seguidoras no fue invitada, pero llegó hasta la sala de su casa.

La historia de esos fans intrépidos, como el de la actriz mexicana, se suma a otras que han ocurrido en Hollywood y alrededor del mundo, donde el cariño se puede convertir en una obsesión peligrosa.

Recuerdo haber reportado para *Showbiz* en CNN, cuando un fan de Jennifer López vivió durante seis días en su residencia de Los Hamptons y pasó inadvertido durante ese tiempo. Me viene a mi memoria que el *New York Post* relataba con detalle cómo el acosador se instaló en la mansión valorada en 10 millones de dólares y se adueñó de la casa por casi una semana hasta que fue descubierto.

El intruso usó la piscina, dormía en el sofá y limpiaba la casa de huéspedes como si fuera su propiedad. Tuvo tiempo suficiente para crear un blog y publicar lo que él llamó las increíbles "vacaciones" de su vida.

Pero esto no fue suficiente, "se tomó fotos en la lujosa propiedad y con las obras de arte que decoraban la fabulosa casa de la estrella de Hollywood…", remataba la historia el popular diario de Nueva York. El acosador no sólo se enfrentó a los empleados de Jennifer López sino a las autoridades que escuchaban atónitos el descaro con el que aseguraba ser el marido de la cantante de "Wating for to tonight" y "No me ames".

La obsesión de los fans por Jennifer López, Madonna, Britney Spears, Taylor Swift, Sandra Bullock, Catherine Zeta—Jones, Brad Pitt y Kendall Jenner, entre una larga lista de famosos, en algunos casos terminaron por convertirse en auténticos actos de persecución y locura.

El caso de la fan de Kate del Castillo, protagonista de *La misma Luna* y *No good dead*, tiene algunas similitudes. El cariño por su actriz favorita la llevó, primero, a burlar la seguridad de Bel Air, una de las zonas residenciales más exclusivas de Los Ángeles.

Y es que, con ese ingenio (que al parecer llevan en el ADN los fans de las celebridades), son capaces hasta de convencer al equipo de seguridad más preparado, para desbloquear, sin la autorización de sus residentes, todos los accesos de seguridad característicos de las exclusivas zonas residenciales. Una vez burlado el primer filtro, la admiradora de Kate del Castillo llegó hasta la puerta de la casa, tocó y una empleada de la actriz, le preguntó "quién era y qué deseaba".

La fan se hizo pasar por una productora que llevaba la propuesta del nuevo proyecto de la actriz, aseguró también que tenía una cita con ella y que la estaba esperando. Envuelta con ese don de palabra que suelen tener los grandes mentirosos, digno también de un premio a la mejor actuación, logró que la empleada de la actriz, adormecida por aquellas estudiadas, o quizá, improvisadas palabras, le abriera las puertas de la residencia.

Vulnerado un filtro más de seguridad, ingresó a la casa como una influyente productora. Se instaló paciente en esa misma sala donde Adela Micha, Paty Chapoy o Gustavo Adolfo Infante han realizado algunas entrevistas. El mismo sitio donde sólo la familia y el grupo selecto de amigos de la actriz, como Jessica Maldonado, han compartido grandes momentos. Hasta ahí llegó la fan, que, como a cualquier invitado le ofrecieron de cortesía algo de tomar, y con ese descaro que tienen los intrusos, pidió agua, pero después cambió de opinión y exigió un tequila *Honor*, yo creo que al recordar la marca del mejor tequila con el que suele brindar la "Reina del Sur".

La champaña de Lupita

Me encantan los sábados. No sé, es un día en el que siempre me pasan cosas buenas.

Bueno…, casi siempre.

Era un hermoso y soleado sábado por la mañana cuando mi amiga Maca Carriedo llamó para preguntar si le podía dar mi número telefónico a Lupita D'alessio (todavía hay gente decente que pregunta antes de andar repartiendo por ahí tu información privada), quien insistía en hablar conmigo.

Yo, con el alma en paz, le dije que claro, que se lo diera, y pensé: "Seguro me va a agradecer la crónica que hice de su concierto y todos los comentarios…" Porque siempre he pensado que Lupita es una cantante fantástica, así que Maca y yo fuimos a verla al Auditorio Nacional y cantamos y gritamos como un par de fans más. Les juro que estábamos igual de animadas, pero por alguna razón a mí no me hizo ni (pinche) caso, pero a Maca hasta le mandó corazones hechos con las manos (¿ya saben cómo?, al estilo Peña Nieto) desde el escenario hasta el balcón.

No saben ¡qué buen concierto! Lupita cantó en *flats* tirándole más hacia la gama de las chanclas que de los zapatos (para moverse a sus anchas) y ahí me tenían aplaudiendo, ovacionándola, cantando a grito pelado "ni guerra ni paz, no quiero verte más", y disfrutando en grande. En pocas palabras, lo que es una velada inolvidable.

Por todo lo anterior, esperé con una mezcla de curiosidad e ilusión la llamada telefónica que nunca llegó.

En su lugar aparecieron un montón de mensajes de WhatsApp, en los que la D'alessio, la *slepping lion*, me puso una tremenda gritiza. Gritos de sábado que acabaron con la calma y la belleza del fin de semana.

Principalmente, la cantante estaba furiosa porque en la crónica del concierto dije que presentaba con más entusiasmo a uno de sus músicos que a su hijo César —que es su corista.

Es que Lupita canta como Dios, pero se enoja como el demonio.

Entre otras cosas me reclamó porque, según ella, hice sentir muy mal a su hijo y les causé problemas familiares y daños psicológicos. Aparte, que Origel (mi compañero de programa) y yo siempre decíamos cosas malas sobre ella.

Obvio le contesté que no es cierto. Bueno, que sí, pero que también decíamos cosas muy buenas…, pero que ella no se fijaba en lo positivo. Le recordé que un día que llegó al programa *Hoy* como invitada, estábamos en el desayunador y yo, tratando de ser una buena anfitriona, le hice plática y compañía mientras le tocaba actuar.

Ah, pues fue con el productor y me acusó de quererle sacar información a traición y de no dejarla desayunar tranquila (jaja, perdón, me río de nervios).

Y claro, ya que estábamos en franca discusión "whatsappiana", aproveché para decirle que me parecía que tenía un carácter del chamuco.

Me contestó, textual…

—No voy a caer en tus jueguitos baratos! Bay Bay —(con manita y todo)— Y gracias a ese CARÁCTER (espantoso) como tú lo dices, he llegado y vencido circunstancias que difícilmente alguien pueda hacerlo, Dios me permitió lograr ser ahora una MUJER, ABUELA, MADRE, y al final, ARTISTA, y muy SANA!! Espero que con esto llegue el fin de esta conversación! (con manitas juntas orando).

Obedeciendo a sus deseos —de que la bonita conversación terminara— ya no le contesté. Pero ella volvió a escribir más tarde, se nota que traía ganas de pelear y mandó una nota de voz en la que gritaba, como maldición: "¡Y que Dios te bendigaaaaaaaaaaaa!"

Ay nanita, qué miedo.

Todo por el relato del concierto que, les juro, era muy positivo. Y lo del hijo, ¿qué les digo? Sólo conté lo que vi. Tal vez le molestó darse cuenta que, efectivamente, fue más cariñosa con el ajeno que con el de casa.

Pero con los famosos nunca le atinas.

Fíjense, conozco tanto su (mal) carácter que preferí no publicar otra información que tenía. Bueno, "preferí" no publicarla porque el productor del programa me lo prohibió rotundamente. Así que siguiendo al pie de la letra que "donde manda capitán no gobierna marinero", me quedé callada. Pero ya ven, de todas formas se armó la gorda.

No crean que era una información clasificada o muy importante, era de esos datos que te ayudan a dibujar la personalidad del artista. A completar el cuadro.

En ese momento, todo el mundo hablaba de Lupita porque estaba triunfando en grande con la serie de su vida, producida por los primos Galindo, para Televisa. ¿La vieron? Fue muy buena y te daban ganas de abrazar a los hijos de la cantante y decirles "no te preocupes hijo mío, todo va a estar bien".

En pantalla vimos escenas impactantes de su paso por las drogas, el alcohol y otros excesos, y al final de cada capítulo salía la "leona dormida", confesando pecados y/o errores. O simplemente compartía con los televidentes su actual estatus y confesaba que gracias a Dios estaba limpia y ya no consumía sustancias dañinas.

Pero —maldita sea la hora—, me enteré que seguía bebiendo champaña, muchas noches, en muchas fiestas. Así que pedí permiso para soltar la información (porque mi pecho no es bodega y no puedo guardar tanta cosa), pero no me dejaron.

Ahora me alegro de que el productor fuera estricto y visionario, porque no soy nadie para contradecir a Lupita, y si ella dice que no bebe, ¡es que no! Además, la champaña sólo es un vinito espumoso —casi gaseosa de manzana— y si le pones fresas adentro de la copa (receta de Luis Miguel), ni acidez te da.

El ego de Adal Ramones es "otro rollo"

Hay quienes dicen que Adal Ramones es un tipazo. Y tal vez sea cierto, podrá ser muy buena onda y quizás ser una persona altruista y demostrar su solidaridad cuando alguien lo necesita. Tal vez hay varios relatos sobre ese Adal Ramones. Pero también hay algunas historias que cuentan sobre el tedioso momento a la hora de aguantarle su ego. Mi historia es una de ellas.

Cuando era director de la revista *TeleGuía*, hoy una publicación extinta y grabada solamente en la memoria de algunas generaciones, digo algunas, porque los **millennials** no creo que la recuerden. Pero quien sí debe recordarla perfectamente es Adal Ramones, no sólo porque lleva años en la televisión, sino porque muchos de sus momentos más emblemáticos también quedaron grabados en las páginas y portadas de la icónica revista televisiva. Para cualquier persona que salía en televisión, *TeleGuía* representaba el mejor escaparate para difundir y conocer todo aquello que sucedía en la pantalla chica. Algo así como la memoria de todos los programas de la televisión. Por eso, cuando Televisa decidió cerrarla en el 2007, muchos lamentamos la decisión.

El mundo editorial cambió radicalmente y la decisión tuvo que ver con una estrategia de negocios, ahí mejor ni meterse.

Pero donde sí podemos ahondar es en algunos de los personajes que, en ese entonces, copaban los titulares de los medios; quienes tenían el *rating* de su lado y gozaban de una popularidad sin precedentes. Adal Ramones era el presentador más exitoso del momento, hay que decirlo, pero también era el televisivo más insoportable y caprichoso con el que me había topado. Cinco veces nos dejó plantados cuando íbamos a realizar una sesión fotográfica para una de nuestras portadas, la cual lo mostraría como el personaje más exitoso y del que todo México hablaba. Cinco intentos inútiles para realizar una entrevista, sin importar que fuéramos de la misma casa televisiva.

La primera vez que canceló, lo entendimos y no hubo problema. Todos vivimos contratiempos y causas que nos obligan a cancelar un compromiso, aunque éste sea importante. Pero cuando te cancelan no tres, ¡sino cinco!, la paciencia de cualquiera se agota. Planear la portada de una revista parece fácil, pero no lo es. Involucra mucho tiempo, logística, escenarios, ideas, vestuario y dinero. Es planear un concepto. Y más cuando en ese momento específico de la historia de *TeleGuía*, la revista había dado un giro en el diseño y presentación.

Todas las portadas eran, no una, sino tres al mismo tiempo. Es decir, la portada se deslizaba en un tríptico que nos permitía jugar y ampliar los escenarios, no sólo de imagen, sino de un concepto. Digamos que era un trabajo con más detalles, pero con resultados fascinantes.

Adal Ramones nunca entendió que no sólo plantaba a un fotógrafo, sino a todo un equipo que había pasado horas y días trabajando en los conceptos con los diseñadores, fotógrafos y reporteros, que a diario daban no sólo el cien por ciento, sino lo que le seguía.

Angelina Sánchez Vilchis no fue sólo reportera, durante años, fue la coordinadora de información de la revista, y también la encargada de recibir y transmitir las malas noticias cuando el animador cancelaba. El éxito de la portada dependía de la reunión y el concepto que previamente habíamos acordado entre nuestro equipo y el de la producción de *Otro Rollo*. Estábamos atados a los caprichos del conductor principal, y aunque existía la voluntad de los otros talentos, incluida la del gran Yordi Rosado, Gabriela Platas, Roxana Castellanos, Mauricio Castillo o Consuelo Duval, no importaban. Al final, al que había que complacer era sólo a uno: Adal Ramones. No, no era, ni fue, fácil la relación con el conductor, que muchos decían, se había subido al ladrillo y se había mareado. Porque tampoco se podía hacer algo con el resto del elenco, porque tenía que estar Adal, ¡esa era la consigna!

Tras varios tropiezos, un día decidí que no volveríamos a publicar nada de Adal hasta que no apareciera en persona y, al menos, se disculpara con el equipo.

Yo sabía que la estrategia que había ordenado se me podría regresar debido al efecto *boomerang*, por aquello de las llamadas telefónicas a los altos ejecutivos, a los que, muchas de las estrellas de Televisa, acostumbran tomar de paño de lágrimas con el fin de desatar la furia y el regaño contra el detractor de aquellos que se sabían intocables.

Consciente de lo que podría suceder, asumí el riesgo. No fue cuestión de venganza, sino de exigir respeto. Debo decir que al menos en eso, se portó muy bien. Nunca se quejó ante ninguno de los ejecutivos —de los que ahora sigue presumiendo como amigos—. Fue divertido saber que, con quien sí se quejó amargamente, fue con Fernanda Familiar. Y lo hizo durante un vuelo a Miami en el que nos tocó viajar juntos, pero, por suerte ¡separados de asientos! (por aquello de los reclamos). Éramos un reducido grupo de periodistas que Warner Music había invitado al lanzamiento del nuevo disco de Luis Miguel *Mis Romances*.

Era noviembre del 2001 y el gran evento fue en la casa que había sido de Gianni Versace, conocida como Casa Casuarina, en el bullicioso distrito *art decó* de Miami Beach. Una vez que aterrizamos en la Ciudad del Sol, y de camino por esos largos pasillos hasta llegar a migración, Fernanda Familiar apresuró el paso y me alcanzó. Fernanda y yo teníamos una muy buena relación, nuestra amistad venía de tiempo y se había fortalecido, por lo que la confianza era sólida y podíamos abordar cualquier tema.

Lo primero que me preguntó fue por qué no quería a su gran amigo Adal Ramones. La pregunta fue de frente y directa, como es la personalidad de Fernanda, me sorprendió porque lo tomé como un reclamo y parecía que en la historia que le habían contado yo era el villano del cuento. Yo los había visto conversar desde su encuentro en la Ciudad de México, pero nunca imaginé que Adal Ramones le contaría la historia a su modo.

Fernanda Familiar, con la diplomacia y lo políticamente correcta que suele ser en la mayoría de las ocasiones, me pidió de favor que habláramos para arreglar nuestras diferencias.

"René, yo no quiero que estén disgustados, deben hablar, yo quiero que se reconcilien y que todo lo olviden", decía Fernanda sin preguntarme el otro lado de la historia. Estaba claro que, ante ella, yo era el cabrón y Adal la víctima. Le dije que claro, que aceptaba, y ella se ofreció a buscar el momento adecuado.

Salimos del aeropuerto de Miami con destino al Hotel Continental en Miami Beach, donde todos nos hospedamos, y un par de horas más tarde entre el calor, la brisa y la champaña que corría alrededor de la piscina Versace, la inconfundible voz de Fernanda me sorprendió con tres tequilas en mano acompañada de Adal Ramones quien feliz extendió su mano y me dijo que le levantara el castigo. El encuentro me tomó por sorpresa y me desarmó. Esa noche brindamos inspirados por la música de fondo con los boleros de Luis Miguel, pero con la promesa de que dejaríamos las diferencias y que a nuestro regreso a México hablaríamos.

Yo insistí en que debíamos conversar, tenía que explicarle al conductor de *Otro Rollo* por qué habíamos llegado hasta ese punto. Él prometió hacerlo, pero nunca cumplió su palabra. Recuerdo que lo busqué un par de ocasiones, pero ya había escuchado más de una vez, que su ego era el "otro rollo" de Adal Ramones.

Las piernas de Julio

Julio Iglesias es uno de los diez mayores vendedores de discos de la historia musical en el mundo, pero, tal vez, si el movimiento *#Me too* hubiera surgido en 1990, estaría también en el Top Ten… pero de los acusados en la categoría "Acoso de ligero a mediano".

Es que el cantante español tuvo una temporada en la que exigía a todas las periodistas y/o reporteras que se le sentaran en las piernas para entrevistarlo. Llámenme exagerada, pero es un gesto de naturaleza sexual aquí y en China.

Claro, hace 30 años el detalle parecía gracioso y quizá sería mejor estar con Julio (que era un cuero de hombre) que con el espantoso Harvey Weinstein. Pero si hubiera ocurrido en fechas más recientes se armaría la de Dios. ¿Éramos más permisivos o teníamos diferente concepto del abuso? No sé.

Ya veo a las feministas marchando por las calles de México y Madrid al grito de: "Tranquila hermana, ésta es tu manada. Julio ¡te voy a patear el culo!"

Desde niña he sido muy abierta y no me espanto con casi nada, pero la costumbrita de Iglesias siempre me pareció rara. Más extraña aún que la de dejarse fotografiar sólo de un lado de la cara, porque ése es el ángulo bueno.

En aquellos años, todos soñábamos con entrevistar al español porque era la máxima estrella de habla hispana del mundo y llegar a él era imposible, a menos que fueras guapa. Yo —honestamente— era mona a secas, pero tenía unas piernas espectaculares. Cortas, pero divinas. Mido 1.53 metros, así que, si le quitas polvo y paja, deben ser de 60 centímetros. Pues un buen día me acerqué a Julio en Acapulco para hacerle unas preguntas y me salió con "te doy la entrevista, pero te sientas en mis piernas".

A ver ¿qué le dices? Si te sientas, quedas como lista a los ojos de algunos y como tonta a los de otros. Si no te sientas, también.

Yo no me senté.

Primero porque, técnicamente, no le pedí una entrevista como tal, sólo necesitaba que me diera algunos datos para pasarle la información a Raúl Velasco que, a su vez, lo presentaría en *Siempre en domingo* dentro del Festival Acapulco. Y, segundo, porque mi jefe se enteró de la propuesta y me lo prohibió terminante.

Sinceramente, sí me hubiera gustado acomodarme plácidamente en las bronceadas rodillas de Julio y, a la larga, conocer su mansión en la isla Indian Creek, en Miami. Pero era una escuincla y no sabía lo fácil que puedes caer en la boca del lobo. Pues ni mansión ni nada.

Una comunicadora que pasó por las desvencijadas piernas de Julio Iglesias (es que tuvo un accidente cuando era futbolista del Real Madrid y le quedaron un poco torcidas) fue Bárbara Ferré, que trabajaba en la misma producción que yo. Bárbara hizo casting y la escogieron como conductora del programa *Galardón a los grandes* cuando Ilse, la güerita de Flans, renunció.

Me acuerdo que Bárbara llegó muy oronda a presumir su entrevista y el señor Velasco le puso tremenda regañada, prohibió que saliera al aire.

A simple vista, la de Julio no parecía una propuesta tan degenerada y pervertida como para preocuparse. Ya visto a la distancia ¿qué puede ser más machista, misógino, manchado, irrespetuoso y cero profesional que una celebridad le diga a la reportera que se le siente encima?

Con eso de que era idolatrado de Brasil a Japón, se decía que había tenido sexo con más de 3 mil mujeres. Me pregunto cuántas entrevistas empezaron en las rodillas y terminaron en la cama.

Si lo analizas científicamente, las pompas de la reportera rozan los muslos y una parte genital del artista. Te mueves tantito y hay fricción. Y de la fricción tonta al Kamasutra, hay solo un paso.

Lo que es un hecho, es que al intérprete de "es que yo, la la la la, amo la vida, amo el amor, soy un truhán soy un señor" le encantaba el peligro. Con decirles que después de su actuación en el Festival, pidió que le llenaran de mujeres su avión privado para no volar solito (creo que a Punta Cana).

Ese verano le pregunté al señor Velasco si debíamos revelar públicamente la conducta del "truhán" y me dijo que no.

—Ok jefe, soy una tumba.

Que conste que yo lo quería contar desde 1991.

Céspedes: "Estás celoso y quieres beso."

El día que Francisco Céspedes se presentó en un programa de televisión de Mega TV con lo que parecía algunas copas extras, más de alguno de sus acompañantes lo intentaron disculpar, pero lo hicieron demasiado tarde, porque los piropos mantuvieron en jaque a mi compañera de conducción. En la actualidad, ese episodio se habría convertido en una bomba en plena era del *#Me too*.

El cantautor cubano llegó un poco malhumorado y causó revuelo a su entrada, pero lograron tranquilizarlo. Bajó su tono de voz sólo cuando vio a la conductora y asumió su rol de caballero, el cual había olvidado momentos antes. No era su mejor momento musical y tampoco fue mi mejor día. Supongo que Mercurio estaba retrógrado, porque durante 20 minutos del programa, el cual ¡yo conducía!, Francisco Céspedes me dio la espalda, me ignoró y sólo tuvo ojos para mi compañera, hoy presentadora de una cadena internacional de noticias.

Traté de llamar la atención del cantante, porque el disco que fue a promover llegó a mis manos con días de anticipación, así que se había convertido en mi favorito de ese momento y conocía todas las canciones. *Te acuerdas* era el álbum bajo el sello de Warner Music 2009, que revivía los temas que habían marcado una época. "How deep is your love", The Bee Gees; "Começar de novo", Ivan Lins y Vitor Martins; "No me quitte pas", Jacques Brel, interpretada también por legendarias voces como Edith Piaf o Maysa Matarazzo, entre otros grandes intérpretes, pero que en la voz de Céspedes es una joya.

Desde el primer corte comercial traté de llamar su atención diciéndole que había sido una gran idea reunir canciones de varias épocas. Sólo logré arrancarle como respuesta otra pregunta:

"¿Te gustó?", y antes de que volteara a ver a mi compañera de nuevo, le dije que con eso regresaríamos al aire.

Retomé la charla, tratando de atraer una vez más la atención del cantante, pero mi esfuerzo fue inútil. Mi compañera se dio cuenta y continúo con la entrevista, mientras la notaba unas veces nerviosa y otras sonrojada, nunca perdió el estilo. Por las condiciones en las que Céspedes se encontraba, era obvio que no le interesaba tanto hablar del disco.

Quería coquetear con mi compañera, por eso el cantante ligó su vida amorosa con la música y mencionó que cada canción de su último disco estaba dedicada a uno de los amores de su vida, al tiempo que deslizaba su mano sobre la mesa para intentar alcanzar la de mi colega, en medio de una risa disimulada.

Cuando me "captaba" la cámara y todos en el estudio reían (supongo que los televidentes también), yo ponía mi cara de "y yo qué carajo hago aquí". El productor lo hizo y lo repitió hasta el cansancio. Se le hacía gracioso. Yo sólo sonreía a la cámara, no tenía de otra. Confieso que para mi compañera y para mí fue uno de los momentos más incómodos que hemos vivido en un programa de televisión. Ella, por la adulación y yo, por haber hecho mi debut de arbolito 1 y sombra 2. Pero algo más estaba por venir.

Llegó el siguiente corte a comercial. Para entonces, Céspedes estaba demasiado contento. Esa sonrisa pícara y directa a mi amiga lo delataban aún más. Yo no estaba molesto, por eso quise convertir ese momento incómodo en algo gracioso y, en tono de broma, antes de entrar al aire le pregunté que si ya me haría caso.

Francisco Céspedes giró hacia mí y soltó una carcajada.

—Estás celoso y quieres beso—, dijo el cantante.

Antes que yo terminara el "no, para nada", ya me había plantado un beso y me convertí en el hazmerreír de todo el equipo de producción.

La fuerza bruta de García Márquez

A mi jefe no le pareció importante que contara "la otra cara de Gabriel García Márquez". Decía que mis impresiones sobre el encuentro —mejor dicho, desencuentro— con el gran escritor no eran importantes para nadie. Yo creo que no quería que contara la anécdota para que el público no creyera que ahora nos íbamos a poner culturales.

—Es un programa de chismes del espectáculo ¡no lo contamines! Mantén la línea, sé profesional.

Por supuesto, como cualquier buen lector, soy fan de Gabo. Qué manera de escribir, de manejar el lenguaje, de describir el paisaje, de transportarnos, de enamorarnos. Ese día descubrí otra cosa: ¡Qué manera de empujarme!

Tienen que saber que no coincidí una, sino dos veces, con el genio colombiano de la literatura universal. No crean que nos topamos en algún club de lectura o algo así. No, nos cruzamos en el Auditorio Nacional, donde se le veía con cierta frecuencia. En los conciertos de Armando Manzanero y Tania Libertad, Rubén Blades, El Cigala, Serrat y Sabina, etcétera.

La primera vez que nos vimos fue justo ahí, en un concierto de Joaquín Sabina, a quien los dos —don Gabriel y yo— adoramos. El Gabo cantaba "ahora es demasiado tarde princesa, búscate otro perro que te ladre princesa" como uno más. Yo hacía los coros "otro perro, otro perro, otro perro… que te ladre princesa…"

Parece una tontería, pero compartir los mismos gustos musicales puede unir mucho a dos personas, aunque vengan de mundos diferentes. Por eso pensé: "Somos periodistas, escritores y fans del gran Sabina, hasta podríamos ser amigos." No crean que me comparo e/o igualo con García Márquez, pero de que ambos escribimos, escribimos. Y de que ambos vendemos, vendemos (ya los números son otra cosa, jaja).

Lástima que no le pude decir ni "¡qué tal querido colega!" porque yo estaba sentada aquí y él hasta allá.

Nuestro segundo "encuentro" fue más intenso y, sobre todo, cercano. Muy cercano.

Era un día de tráfico infernal en la Ciudad de México y llegué corriendo —otra vez— al show de Luis Miguel. Y con eso de que "la música nos unía", el destino quiso que esta vez compartiéramos fila. No me acuerdo si era la segunda o la tercera, pero estábamos al centro y adelante.

¿Se imaginan? El súper escritor y la aspirante, balbuceando codo a codo "no culpes a la noche, no culpes a la playa, no culpes a la lluvia, será que no me amas".

Pero a veces "el Nobel no es como lo pintan" y hay días que los pies no te responden como tú quisieras. Ya habían dado la tercera llamada y apagaron la luz justo cuando iba a toda prisa a buscar mi asiento. Entonces sucedió algo terrible, algo que cambió para siempre mis nexos con la literatura universal: ¡Le caí encima a García Márquez!

Podía haber aplastado a cualquier persona de las 10 mil que estaban ahí, pero no, le atiné al Premio Nobel de Literatura 1982.

Además, si le hubiera caído encima hoy, que soy flaca, no hubiera pasado nada ¡chance hasta se hubiera alegrado! Pero lo pisé cuando pesaba 73 kilos —ponle 75.300 siendo sinceros—. Sí, ahí estaba yo, peso completo, descomponiendo a uno de los mejores escritores del mundo.

La cara linda y bonachona del colombiano se desfiguró cuando se puso histérico y me dio un empujón de antología. Eso sí, me insultó en un castellano precioso.

Por supuesto les dije "perdón, perdón, perdón, perdón, perdón…" pero no me perdonaron. El genio iba acompañado de su esposa Mercedes, conocida como la "Gaba", que también se enojó por el accidente y no hizo nada por bajarle los humos al que fue su marido por 56 años.

Un amigo me acaba de mandar un video maravilloso donde GGM, cuenta cómo mandó por correo el manuscrito de *Cien años de soledad* desde México hasta Colombia para que lo publicaran. ¡No saben lo divertido e inspirador que es! Personalmente, lo uso como arma terapéutica al tiempo que repito el mantra: "Era lo máximo, no lo puedes odiar… era lo máximo, no lo puedes odiar… era lo máximo, no lo puedes odiar."

Chayanne, el "chupa sangre" más odiado

Uno de los mayores miedos de Chayanne es hacer el ridículo. Y cuando protagonizó al vampiro "Gabriel", supo casi de inmediato que había sido un fracaso, y el ridículo profesional al que tanto temía se consumó. Y no tuvo nada que ver con su talento, con su carisma, su cuerpo de infarto y esa sonrisa que derrite a casi todas. La caída de *Gabriel, amor inmortal*, la miniserie de 10 capítulos que se estrenó en septiembre del 2008 en Mega TV —un canal de televisión en Miami—, se debió a otras razones.

Fue un proyecto ambicioso, con un protagonista que era la apuesta segura para ganar la audiencia anhelada, pero abanderado con el sacrificio y el recorte salarial de decenas de personas.

Fue concebido en medio de una crisis económica global, que en Estados Unidos hundió en la insolvencia a millones de familias quienes, para su gran mala fortuna, no sólo perdieron sus trabajos, también sus casas.

Así que Chayanne, con su personaje de "Gabriel", se convirtió en el "chupa sangre" más odiado, al menos en el corporativo de Spanish

Broadcasting System (SBS) (aunque a sus miles de fans nunca los perdió, aún lo siguen adorando).

El resentimiento que causó en muchas personas llegó poco después del estreno de la serie vampiresca, pues nunca se dio el resultado esperado en *ratings* y el impacto comercial que se esperaba jamás llegó. Los ajustes, despidos y recortes dentro de SBS fueron las decisiones que los ejecutivos tomaron para recuperar algo de la millonaria inversión que se desembolsó para la realización de "Gabriel".

SBS se lanzó del tobogán más alto sin saber que la caída le ocasionaría una fractura de la que, hasta la fecha, no se ha podido recuperar, y es que no volvió a producir alguna serie similar. El sueño frustrado de SBS pudo haberse revertido si a pesar de la caída, hubiese continuado el camino de las miniseries. Debo decir que la empresa fue visionaria, porque creó antes que ninguna de las cadenas hispanas más poderosas, incluso antes que Netflix, una división de entretenimiento que llamó MegaFilms, donde demostró su capacidad para filmar en alta definición, animación en 3—D y efectos especiales, los mismos que se utilizaron para la miniserie de *Gabriel, amor inmortal*.

Pero lamentablemente, el sueño más ambicioso de SBS quedó sólo en eso, un sueño del que no ha podido despertar.

Sumado al costo escandaloso de la producción de "Gabriel", el vampiro, se filtró el sueldo millonario que había recibido Chayanne para protagonizar una serie que pasó inadvertida. No por falta de promoción, porque el bombardeo publicitario estaba en todas las plataformas propiedad del, en ese entonces, poderoso SBS. Una compañía que operaba más de 20 radioemisoras en los principales mercados hispanos de Nueva York, Los Ángeles, Miami, San Francisco, Chicago y Puerto Rico, además de MegaTV y el portal de internet lamusica.com, plataforma en línea que en ese tiempo no sólo incluía música, entretenimiento, noticias y cultura, también presentábamos uno de los primeros programas de televisión que se transmitía en vivo por internet, *Lamusica.com Live* y difundido por MegaTV en cadena nacional a través de DirectTV.

El día en que Chayanne se convirtió en el "Chupa sangre" más temido entre los empleados de SBS tuvo que ver más por el resentimiento que por el miedo a un vampiro. Todos los que pertenecían al área de MegaFilms gozaban de lo que algunos llamaron cierta protección y sueldos espléndidos, algunos de los trabajadores enfrentaron una cadena de despidos en el corporativo y los que tuvimos la fortuna de quedarnos vimos reducidos nuestros salarios.

Recuerdo que aún se transmitía "Gabriel" cuando los posters de promoción que se habían colocado en casi todas las oficinas y cubículos eran arrancados, pisoteados, arrojados al bote de la basura más cercano, tras recibir la noticia de un despido y un eminente recorte salarial, en muchos casos, de hasta 50%. Fue una bomba para muchos, yo entre ellos, un recorte al que me opuse de manera rotunda. Se me hacía injusto.

Yo podía entender la situación económica del mundo, del país y de la empresa en la que trabajaba, pero el argumento de los ejecutivos era de risa, decían que las grandes cadenas como Univision o Telemundo estaban haciendo lo mismo, que hasta sus presentadores estrellas como Jorge Ramos, María Elena Salinas, Lili Estefan y Raúl de Molina habían visto mermado sus sueldos de miles de dólares.

Una comparación ridícula, porque no se podían relacionar esos sueldos millonarios con los de cualquier otro empleado de SBS. Un argumento que rayaba en lo absurdo después de saber que por 10 capítulos Chayanne había recibido más de un millón de dólares, y entre el costo de la producción, la inversión en la compra de lo último en tecnología para filmar, los costos de locaciones en Europa y el salario del resto del elenco, sumaban otros tantos millones de dólares.

No está de más decir que nadie se creyó el cuento. Independientemente de la crisis mundial, para casi todos, estaba claro que el proyecto protagonizado por Chayanne había sangrado las finanzas de la empresa. Eso desató el enojo de los que fueron despedidos y de los que nos quedamos con la consigna que nuestro sueldo sería reducido.

"¡Ay, Chayanne, Chayanne!" se oía por los pasillos cual lamento de la llorona. Yo me solidaricé con mis compañeros y también arranqué el enorme póster del vampiro "Gabriel" que teníamos en la pared de mi oficina.

Confieso que, desde entonces, aunque suene absurdo, todo lo que tenga que ver con vampiros me causa una especie de fobia porque me recuerda el día que por un "chupa sangre" grandes amigos y compañeros perdieron su empleo.

Lucero: matar por diversión

—René, ¡cómo te atreves a decir esas cosas de Lucero! ¡Me acaba de llamar su representante para reclamarme!

—Karla, déjame explicarte…

—¡No puedes decir que Lucero es una "asesina de animales", sabes perfectamente que no es el estilo del *show*, no hablamos de chismes!, no somos *El Gordo y la Flaca* ni estás con Maxine Woodside.

—Lo sé perfectamente Karla—, interrumpí su monólogo encolerizado, pero ella hizo lo mismo…

—…Tus comentarios tenían que ser revisados por el departamento legal antes de ir al aire. Dime si esto fue así, si no, estamos en serios problemas. Yo no te puedo ayudar si no lo hiciste como debías.

Era la sentencia y el reclamo a gritos al otro lado del teléfono.

—Karla, las cosas no son como tú dices, pero si crees que dije algo indebido echemos un vistazo al video.

—De acuerdo, lo veo y te aviso.

El motivo de la discusión: aquellas imágenes de Lucero en las que posaba feliz frente a una enorme cabra montés, con la cara pintada de rojo, rayas en las mejillas y en la frente lo que parecía ser sangre y que, a decir de los expertos, era el ritual para quienes por primera vez se introducían al mundo de la caza y se enorgullecían de su primera presa, como un trofeo a la muerte por diversión.

Esas fotos que inundaron las redes sociales, las revistas, periódicos y circularon por todos los programas de farándula, eran tan sólo el preámbulo de lo que se le venía a la actriz de la eterna sonrisa.

Las críticas y el descontento incendiaron las redes sociales, los *hashtag* **#LuceroAsesina** y **#TeMatocomoLucero** se convirtieron en *trending tópic* como muestra de rechazo a su gusto por la cacería.

Los *memes* remataron con decenas de fotos que llenaron internet con todo tipo burlas. Algunas más "amables" que otras, pero con la misma intención: "Lucero, estás mal."

Incluso muchos de los seguidores de la "adorada" actriz no le dieron tregua, se le fueron a la yugular, como quizás ella se le fue a su presa. Todo había sucedido durante las últimas 24 horas.

Esto es lo que yo pensaba de Lucero y lo que estaba a punto de decir.

Mientras revisaba el Twitter, el Facebook y el Instagram de la cantante veía cómo el escándalo subía de tono.

Yo hacía algunas llamadas para obtener más datos y respuestas a una de tantas preguntas que venían a mi mente. La primera: ¿Cuál era la reacción de Televisa? ¿Cómo lo tomaba la empresa que siempre había mostrado un apoyo incondicional a la actriz? ¿Cómo lo estaba viviendo Lucero? y… ¿El Teletón…? Esto sería una bomba.

Lucero era, y es, la imagen del Teletón, de la solidaridad y el auxilio. La institución a la que muchos apoyaban por brindar ayuda y rehabilitación a cientos de niños. Teletón, el hogar de miles de indefensos y totalmente de Televisa. La fundación, refugio de cientos de personas con capacidades distintas. Y Lucero, el rostro de la compasión, la bondad. Lucero, el rostro del amor.

Todo esto ya estaba en mi libreta y mientras, al otro lado del teléfono, desde la Ciudad de México, respondían a mis preguntas. Yo anotaba, investigaba y preparaba mi colaboración en el programa en el que a diario participaba.

Toda la información a mis preguntas la obtuve de las mejores fuentes. Información de primera mano, confiable y de una veracidad absoluta.

Estaba listo para el debate. El tema más candente del momento: "Escandalizan fotos de Lucero cazadora", "Lucero, la estrella del Teletón se toma fotos con rifle y una cabra montés muerta", "Indigna a redes sociales safari de Lucero", "Vuelve Lucero al ojo del huracán", "El escándalo Lucero tendría su primera consecuencia", zaz. Esto estaba por ocurrir, así como también estaba en su punto mi intempestiva... ¿"sanción"?

Yo, a punto de salir al aire, yo, con mis ideas sobre el tema, mis notas, fotografías en mi iPad y mi análisis.

Yo esperando el 5, 4, 3, 2...al aire...

Todo lo tenía muy claro. Mi primer cuestionamiento a Lucero: ¿Por qué la cantante no había dado aún una explicación? ¿Debía ofrecer una disculpa?, "sí, tenía que darla", yo respondía.

Porque durante años, la actriz nos lloró frente a la cámara suplicando compasión para los indefensos.

¿Un animal en su hábitat no está indefenso ante los cazadores? ¿Acaso un animal no merece compasión?, pensaba.

También veía que el escándalo no daba tregua, porque nadie podía creer que la mujer que lloraba año tras año frente al Teletón pidiendo compasión para cientos de niños con alguna discapacidad, fuera la misma persona capaz de irse de caza y matar por diversión, por ocio, por "deporte", dirían los defensores de esta práctica, un pasatiempo que a muchos indigna.

Y en algún punto de mi participación remataría….

Cómo era posible que la mujer, madre de familia, que imploraba ayuda, fuera la misma persona que, ahora, en lugar de lágrimas, sonreía frente a un animal quietecito, que parecía dormidito, pero que todos sabíamos que estaba muerto.

Lucero y sus incongruentes acciones. El gusto por la caza no estaba a discusión. ¿Tenía derecho a matar por diversión? Para algunas personas sí, pero cuando eres una figura pública y lloras implorando compasión en la vida real, como en el Teletón, y no en una telenovela. Las cosas son muy diferentes.

Seguía esperando el 5, 4, 3, 2…al aire…

Había un corte a comercial.

Entraría en acción en menos de 2 minutos…

Tomaba aire, agua, acomodaba mis notas y seguía esperando.

Nadie me informaba, nadie me avisaba qué pasaba y por qué no entraba al aire.

Llegó la presentación del tema más importante del debate: "Lucero de caza", pero sólo una escueta nota, pocos detalles y nada de discusión sobre el tema. Nada de mi presentación, nada de la investigación que había preparado. En pocas palabras, nada que yo pudiera contar.

Se canceló el segmento, sin explicación alguna.

A mi pregunta de "¡¿por qué?!"

—Habla con producción—, dijo una voz remota.

Entonces, sin saber mucho, comprendí lo que tal vez ocurrió.

Recordé la llamada.

—René, cómo te atreves, no era necesario ser tan duro con Lucero…

Mientras me obligaba a recordar los detalles no sólo de la llamada, sino de lo que yo había dicho de Lucero el día anterior, una amable, pero temerosa voz me dio las gracias. Habló tan bajito, que no logré identificar quién era, tampoco me importó mucho.

Me levanté de mi asiento, tomé mis cosas y salí del estudio con una convicción.

No preguntaría más.

Como dijera una querida amiga de esa misma televisora: "Estas cosas pasan."

Mientras caminaba por un largo pasillo, muchas ideas daban vuelta en mi cabeza.

La verdad es como un puñetazo. A todos les duele y a nadie le gusta. Pero si, con esa verdad, peligran ciertos intereses...

Algunas veces la verdad te libera, otras ocasiones te hunde. A Lucero su acción le pasó factura. Hay un antes y un después en la carrera artística de Lucero tras la divulgación de las fotografías en un festín de caza.

No fui yo, ni los miles de personas que la criticaron por aquellas imágenes los responsables de un declive en su carrera. Ella lo hizo sola.

Me lo dijo Adela

La mujer que gritaba, manoteaba y amenazaba era Adela Micha. Se paró frente a mí (y ante Héctor Suárez Gomís, el testigo presencial) convertida en un manantial de insultos, reclamos, quejas y maldiciones. Para que me entiendan: descolocada.

Y lo peor, estaba muy guapa ese martes. Ella, no yo. Yo era gorda.

Cuando empezaron los gritos me quedé congelada, sin moverme —y un poco muda—. La verdad me hubiera gustado decirle: "¿Qué te trae por aquí?", pero no me dio ni tiempo. Además, la respuesta era clarísima: lo que la trajo hasta el foro del programa *La sobremesa*, fueron las ganas de matarme.

Me quería matar a mí, a mí que todos los días la saludaba súper sonriente a través de la ventana de su cabina de radio. A mí, que era su compañera de trabajo en Grupo Imagen, a mí, que ese martes negro se me ocurrió escribir en la columna del diario *Reforma* que el nuevo novio de la Micha era menos guapo y simpático que el anterior. Aunque lo que realmente le ardió a Adela fue algo que ella juraba que puse en mi columna ¡pero que yo no escribí! Toda la bronca fue por culpa del párrafo inexistente que de ahora en adelante llamaremos "las líneas invisibles".

—¡¿Por qué pusiste que Slim me regaló un departamento?!—, me gritó.

—Yo no puse eso —contesté tan tranquila—. Sólo escribí que a una amiga mía el ingeniero le regaló un departamento en el Centro histórico.

—A ver, ¿a cuál amiga?

—No te voy a decir. Es secreto, por eso no puse su nombre en la columna.

—¡No insultes mi inteligencia!

—Claro que no.

—Dime el nombre…

—No…

—¡Me lo tienes que decir!

—¿Por?

—¡Pues porque me lo regaló a mí!—, me lo dijo Adela, al tiempo que me apuntaba con el dedo y el brazo lleno de pulseras que le temblaban y hacían un ruidito como "traka, traka, traka..." (un sonido aterrador, que cada vez que lo recuerdo me pongo chinita).

—Ah mira, pues me voy enterando. Ya son dos las felices propietarias. Entonces… ¿cuál es el problema?

—Que no tienes que hablar de mí. Eres una corriente y escribes basura barata.

—¡Me leíste!

—¡Por supuesto que no! ni te leo nunca. Pero todo el mundo me dijo lo que pusiste.

—Sólo puse que tu "ex" era más guapo que el nuevo…

—Claro… ¡porque te lo tiraste!

¡Momento! Eso queeeeeé.

Por supuesto que me prohibieron hablar del tema porque Adela era la estrella de Grupo Imagen y yo, sólo era yo. No sólo me impidieron tocar el asunto en pantalla, además me exigieron que le ofreciera disculpas "en pos de recuperar la armonía en nuestro centro de trabajo".

¿Centro de trabajo? Pero si aquello parecía Medio Oriente.

Justo afuera de la cabina de radio donde Adela transmitía diariamente un noticiero de 1 a 3 de la tarde, estaba la mesa desde la que yo iba al aire de 3 a 5 por la señal de Cadena 3. Así que nos teníamos que ver todos los días.

El día de la *gritiza*, el Pelón y yo estábamos a punto de entrar al aire con el avance del programa y justo cuando el *floor manager* daba el conteo regresivo, apareció Adela en todo su esplendor. Así que tuvimos un nutrido público presenciando la pelea. Ya saben, todo el equipo de producción, camarógrafos, colaboradores y algunos que sólo iban pasando por ahí y les tocó la trifulca.

Lo mejor de todo es que arriba de nosotras, el jefe observaba el numerito desde su ventana.

Pese a todo, fue muy divertido ver la cara de terror de los camarógrafos —felices, dicho sea de paso, por enterarse de primera mano que el inge Slim es un hombre espléndido— y a Gomís parado a mi lado, calentando las rodillas por si se armaban las trompadas.

Hasta el día de hoy, sigo sin entender por qué Adela se enojó tanto por "las líneas invisibles". Su nombre no aparece ahí ni hablo de ella en ese párrafo tan específico.

Y en mi defensa debo subrayar que soy una gran amiga porque nunca solté el nombre de la suertuda propietaria del departamento en el Centro. Ni siquiera en esos momentos en los que sentí que mi vida *se perdía en un abismo profundo y negro como mi suerte*.

Al día siguiente me obligaron a entrar a su cabina de radio —en tiempo de comerciales— a ofrecerle una sentida disculpa por algo que no escribí, pero ella insistía que sí. De todas formas, le dije que lo sentía mucho (la verdad no lo sentía tanto, pero le tuve que decir que sí) y que nunca lo volvería a hacer.

De acordarse, se volvió a enojar y tuve que escapar antes de que me desgreñara al ritmo de las pulseras: la vida del columnista a veces es muy arriesgada.

Actualmente Adela Micha triunfa con el espectáculo—conferencia *Los Mandamientos de una Mujer Chingona*.

Famosos y muy "sentiditos"

Al principio de su carrera, todos, sin excepción alguna, los aspirantes a actores y cantantes —o quienes tengan que ver con el entretenimiento, deportes y hasta en la política—, son los más cariñosos, simpáticos, dicharacheros, amables, compartidos y así podría agregar cualquier cantidad de adjetivos con diccionario en mano para seguir buscando sinónimos y enaltecer a quienes buscan triunfar en el espectáculo.

Pero esas "cualidades" tienen fecha de caducidad, duran hasta que triunfan, y si fracasan, siguen siendo los más aduladores hasta que el golpe de suerte les llega. Después parece que toda esa bondad se les olvida o simplemente dejan ver su verdadero carácter.

En fin, hay anécdotas que, a muchos colegas, nos han puesto en aprietos o nos han asustado, y una vez superado el desaire, al recordarla, lloramos… pero de risa.

Bisbal, el rencoroso

Tengo que relatar que cuando David Bisbal y su ahora exesposa, Elena Tablada, se sentaban frente al televisor, ponían en una lista a todos los que hablaban mal de ellos o decían algún comentario que no les gustaba, y jamás los perdonaban.

Ironías de la vida. Ahora la pareja está divorciada y en medio de un pleito eterno en el que se han dicho de todo frente a los tribunales y teniendo a la prensa española como testigo de honor.

No sé si a estas alturas ya han aprendido la lección. En este medio, los famosos no pueden excluir a nadie, porque por las mismas necesidades de la profesión tarde o temprano, voluntaria o involuntariamente, uno termina sentado en la mesa de nuestro peor enemigo.

Tal y como sucedió en el 2010, en Miami. En esos días, Alan Jacot me acompañaba en el estudio, él había estado durante varios años en *Paparazzi*, un programa que en aquel tiempo tenía mucho éxito. Alan era un personaje polémico, sus comentarios escandalizaban por ser directos y sin adulaciones. Todo un profesional, pero al que Elena Tablada y David Bisbal tenían en su lista negra.

Nuestro programa era en vivo, por internet, se transmitía en el portal de lamusica.com y teníamos como invitada a Elena Tablada, en aquel tiempo esposa del cantante español, que en ese entonces promovía una línea de joyas. Por eso estaba ahí con nosotros, para hablar de su faceta de empresaria.

Tablada y Bisbal vivían los años felices. Durante una pausa comercial Tablada se dio cuenta de que allí estaba Alan Jacot y se negó a sentarse con nosotros. Dijo a la producción que no participaría en el programa hasta que mi compañero Jacot se retirara. Elena Tablada estaba ofendida por algo que ni mi compañero Jacot recordaba, al grado que se paró como todo un caballero y le dijo que no se marchara. Volvimos al aire y ella aún amenazaba con marcharse. Después, por el "chícharo" —un audífono que tenemos oculto en la oreja para recibir indicaciones de los productores— me dijeron que se sentaría si sacábamos del aire a Alan Jacot. Una "sugerencia" de la, ahora, exmujer del cantante. Me negué rotundamente a tal capricho y entre la indecisión de Tablada, corrió el tiempo y casi al final aceptó hacer la entrevista, hablamos de Bisbal, de su lanzamiento como empresaria y le pregunté por qué estaba enojada con mi compañero, esquivó la pregunta tal cual e ignoró muy ofendida durante 8 minutos a mi querido Alan Jacot.

Se enojaba si le decían "Nandito"

El actor Osvaldo Benavides odia que le digan "Nandito". Lamentablemente desde su adolescencia —y para su hartazgo—, nadie ha podido olvidar su sobrenombre y permanece en la memoria del colectivo telenovelero. Sí, "Nandito", el personaje de *María la del barrio*, el *remake* de *Los ricos también lloran*, que lo catapultó.

"Nandito", el mismo que un día salió furioso de una sesión fotográfica para *TeleGuía* cuando formaba parte del elenco de *Locura de amor*. Estaba Adamari López, Irán Castillo y Laisha Wilkins, todos los actores principales. Para esa portada teníamos una idea divertida y mientras intercambiábamos conceptos con el equipo de fotografía, la voz de Osvaldo Benavides nos interrumpió.

Se me salió decirle "Nandito" y montó en cólera. "¡No soy "Nandito"!", gritó. Supe que la había regado, corrí hasta alcanzarlo para ofrecerle una disculpa, pero no lo hicimos cambiar de opinión. Lamenté mucho que no regresara a la sesión, pero el show debía continuar, hicimos la sesión con quienes estaban disponibles y el resultado fue estupendo.

Reconozco que debí dirigirme a él por su nombre, pero en ese entonces no sabía que le molestaba tanto el nombre de uno de sus personajes que le dio fama. Creo que ya lo superó. Recién he visto en algunas entrevistas a Osvaldo Benavides y se le ve feliz, está en su mejor momento con un rol protagónico en *Monarca*. Parece más "alivianado", tal parece que ya le vale, pero si alguien despistado como yo, por ahí, se le sale un "Nandito", no espere una reacción amable del actor y, por aquello de las dudas, córrale.

Kuno Becker se equivocó de revista

A la par de Osvaldo Benavides, Kuno Becker era literalmente una locura en popularidad, como se titulaba una de las telenovelas en las que participó *Locura de amor* y *Primer amor a... mil por hora*; con Anahí eran las estrellas del momento, pero Kuno, el galán más exitoso, el más asediado. El joven con el que todas las chicas soñaban. En la vida real, Becker tenía fama de temperamental, posiblemente por la euforia del momento. A eso ya nos hemos acostumbrado los que trabajamos en este oficio. A lo que no hay que acostumbrarse nunca es a la intimidación.

Kuno Becker también fue uno de los que se ofendía por cualquier comentario o crítica que describía su personalidad, no quiero justificarlo, pero posiblemente por esa fama agobiante de la que gozaba.

Llegó un día hasta mi oficina de *TeleGuía*, en Santa Fe, para preguntar por qué le "tirábamos mucho". Estoy seguro de que se equivocaba de revista. Su reclamo venía con la sonrisa de aliada y un fuerte abrazo para marcar el terreno que estaba pisando. Lo primero que respondí fue que siempre sería bienvenido y, por fortuna, tenía sobre mi escritorio la portada de lo que sería la siguiente edición. Se la mostré y Kuno sonrió aún más. Aquella portada (Kuno al lado de Anahí) hizo que, si es que tenía más reclamos por alguna "ofensa" involuntaria, se le olvidara "...a mil por hora", tal y como se leía en esa edición de la revista de *TeleGuía* en el 2001.

Las políticas de Martha

Amo a Martha Debayle. Porque es ¡como es!

Y tuve la alegría de colaborar con ella en uno de sus proyectos más exitosos, la revista *Moi*, donde intenta llenar de bienestar a los lectores, compartir buena información y aportar cosas maravillosas.

Pues "la Jefa", con su personalidad arrolladora, me llamó una noche tardiiiiiiiísimo, para decirme que estaba en la cama leyendo mis artículos fascinada y muerta de risa. Yo francamente estaba entre Rivotril y buenas noches, pero me sentí súper halagada.

Todo iba muy bien y éramos felices a nivel editorial, hasta que un día triste (uy, cómo duelen los rechazos laborales), una de sus editoras me dijo que no podían publicar mi columna porque el tema era delicado y no les gustaría que "diera pie a malos entendidos". Que lo que escribí no se apegaba a las políticas de Martha.

Es que la Debayle es muy rigurosa y estricta con sus espacios, y yo, ¡ya saben!

Para que ubiquen: el momento exacto fue una semana antes de que Cuarón ganara 3 Oscares por *Roma* y Olivia Colman se llevara la estatuilla como Mejor actriz por *The Favourite*.

Aquí les presento la columna que no se publicó en febrero del 2019. Y ¿saben qué? Tenía su punto. Sobre todo en estos tiempos de #TodasSomosUna

"La favorita"

Estaba en el cine y me dio un *deja vú*. O sea, sentí que lo que estaba en la pantalla ya lo había visto antes. Es más, me lo sabía de memoria. Peor aún: ¡Ya lo había vivido!

¿Ya vieron La favorita?

Es la historia de la reina Ana, de Gran Bretaña, en 1707; justo cuando Inglaterra y Francia están en plena guerra. Y, la verdad, no se trata de política (bueno, un poco), sino de la batalla feroz de dos mujeres que compiten para convertirse en la favorita de la reina (bueno, una ya era, pero llegó la nueva y la desbancó).

Hagan de cuenta *El diablo viste a la moda* o ¡la oficina de la Chapoy! La vida siempre se repite. Donde haya una jefa y un par de viejas que mueren por ser la consentida, esa bonita "tradición" seguirá viva.

Personalmente tuve una superior llamada Pati (no pondré el apellido para que nadie se sienta aludida ¡jajaja!), y la relación entre jefa y subordinada "preferida" era preciosa. Nos queríamos mucho, hasta que un buen día —sí, un buen día— empezamos a odiarnos.

Sé que la mala onda de Pati hacia mí no era "personal". Era contra toda mujer que se le acercara con intenciones de sobresalir, brillar o —directamente—, quitarle la silla (lo cual, por cierto, es imposible). Y a eso hay que sumarle que siempre hay una fila de aspirantes dispuestas a eliminar (cualquier táctica se vale) a cualquiera que se interponga entre ellas y "The Queen".

Cada cierto tiempo, a Pati le dan celos de la compañera —llámale súbdita— más cercana y la ataca el síndrome conocido como "sólo yo quiero ser la reina". Lo bueno es que mientras te dura el reinado, o sea, la temporada en que te quiere, es maravilloso, porque te llena de cariño, apoyo y detalles. En mi caso, ¡ay, cómo nos queríamos!, una cosa de amor infinito y profunda amistad.

El juego de la coronita o de "la favorita" arrancó con esta columnista que cedió el trono a Aurora, ella se lo entregó a Mónica y luego a Inés. ¡Como en el certamen de las misses! La última en sentarse en la silla de la alegría y ponerse la banda de "soy la Fav" fue Atala, que duró muchos meses, hasta que todo cambió y abdicó en favor de su cuñada la "Choco". Así las cosas en el universo laboral femenino.

Claro, los castigos a lo largo de la historia han sido distintos. En 1707 te daban latigazos, pero en el 2000 sólo te decían "ya no vas a salir en el programa, te quedas en trabajo de escritorio" (y a lo lejos se escuchaban los lamentos "noooooooooo, por favor, quiero ser famosa y salir en la tele").

Un día llegas con deseos de crecer y ávida por aprender y al otro terminas convertida en una psicópata desempleada.

Ay Debayle, sí estaba buena la nota. Lástima que los editores a veces pierden el sentido del humor.

El amigo del Diablo que vetó a Yuri

Algunas veces las celebridades odian y maldicen su éxito. No por lo que consideran es su vocación, sino por los excesos, el desequilibrio emocional y el vacío que los lleva al límite, al grado de desear hasta su muerte.

Yuri conoció ese límite, pero también vivió una transformación para su felicidad que en su momento le cerró todas las puertas que su talento y esfuerzo le habían abierto.

Esa transformación tuvo que ver con su fe, con el amor a Dios. Compartirlo con todo aquel que tenía en frente, no podemos decir que fue su error, porque ella quería mostrar a la nueva Yuri que estaba renaciendo, pero no todos la entendían, y aquí comenzó el otro calvario para la gran estrella.

La ganadora de incontables discos de oro y platino por las altas ventas de sus discos vio como cambió su suerte. Las giras apoteósicas con llenos totales en México y otros países comenzaron a cancelarse.

El público la quería, pero sus palabras alejaban a muchos cuando hablaba de que se había convertido al cristianismo en un país mayormente católico.

Aunque el argumento fuera estremecedor.

"Estuve a punto de matarme. Estaba aquí en mi casa y corrí, corrí y corrí para arrojarme por el balcón… He pensado en la muerte muchas veces, pero cuando he estado a punto de arrojarme al vacío me ha faltado valor. La última vez que lo intenté me destrocé las rodillas y me puse a llorar a gritar que me quería morir."

Este relato no sólo fue eliminado, también la extensa entrevista que la cantante me concedió en su casa que, en aquel tiempo, tenía en el camino al Desierto de los Leones. Una casa donde vivió y, por primera vez, la vi llorar inconsolablemente. Era la primera vez que las puertas de aquella residencia se abrían para entrevistas a los medios. Por aquellos años yo representaba al periódico *El Universal*.

Era el verano de 1995 y ese día Yuri estaba dedicada a una maratónica sesión de entrevistas. El disco que Yuri promovía era *Espejos del alma*, el disco era una joya, no sólo por los temas, sino por el arte del acetato. Un *big close up* del rostro de Yuri que, sin proponérselo, enviaba un mensaje directo sobre lo que estaba viviendo profesional y emocionalmente. Yuri no lo ocultó desde el inicio de la entrevista.

"Soy otra, ¿qué, no lo notas?", repetía.

Ella Laboriel, que también era asistente de Yuri, nos interrumpió para ofrecernos algo más de tomar, mientras yo trataba de comprender lo que me decía, porque ante las preguntas del disco y las canciones, ella desviaba el tema a que era una mujer diferente, una mujer que había recibido al Señor. Que ya no le importaba ser la número uno, que había otras prioridades en su vida, que se iba a dejar guiar por el Señor.

Fue una entrevista diferente, estaba claro que Yuri era otra, pero yo no lograba comprenderlo del todo.

Cuando regresé a la redacción tenía una sensación extraña, no era una charla convencional con una cantante, aunque a mi juicio era una entrevista reveladora. Mi historia fue rechazada. Nunca se publicó, simplemente porque mi jefe consideró que no debíamos hablar de Cristo, ni de Dios, ni de todo el cambio que Yuri me había confesado. Por más que defendí la nota más desgarradora que yo le había hecho a una cantante y en especial a Yuri, no la aprobaron.

Pero no fue lo más revelador ni lo más íntimo que conocería de "La güera", aún había otros detalles que estaban por suceder.

Unas semanas después de esa entrevista, otra situación demasiado triste me llevaría de nuevo a esa bella casa del camino al Desierto de los Leones.

Fue en compañía de Abelardo y Lala Ramírez, amigos muy queridos, y de quienes, tras el asesinato de sus dos únicos hijos, me mantuve a su lado por un tiempo por el gran cariño que les tenía y aún les tengo.

A menudo los visitaba en su nueva casa en Paseos de Churubusco, ahí me reencontré con doña Dulce María Canseco, mamá de Yuri, quien acudía también casi a diario para hacer compañía a Lala y Abelardo, pero también para hablarles de Cristo. Yuri, quien también sabía del terrible suceso que había conmocionado a México y al gremio artístico, abrió a todos las puertas de su casa.

Doña Dulce no permitió que yo me apartara del grupo. Llegué de nuevo a aquel domicilio casi en medio del bosque. Ya lo conocía, pero nunca imaginé que volvería nuevamente.

En esa residencia ya esperaba gente cercana a la cantante, su hermana Yamili, varios familiares y Rodrigo Espinoza, esposo de Yuri. Esa reunión era para hablar de la palabra de Cristo y recibirlo quien así lo deseara.

Con atención escuchamos el testimonio de los ahí reunidos. Yo era católico, pero todos en ese momento abrazamos la fe cristiana. Yuri me acercó al cristianismo.

Yo le pregunté si no tenía miedo de contar todo lo que había vivido, su adicción al alcohol, al sexo y de los momentos más difíciles que había tenido con algunos famosos. Uno de ellos era Luis Miguel, a quien un día abandonó en un lugar del que no dio detalles. Pero la cantante no estaba sola, dos actrices muy conocidas la acompañaban en ese momento, pero alguien les aconsejó, incluso las obligó, a salir, porque las cosas se podían complicar si no podían reanimar al Sol de México. Ella me dijo que sintió miedo y pidió a Dios que Micky superara la crisis. Yuri, frente a su familia, y amigos nos admitió, sin justificarse, que eran los años de la fama, la juventud y el desenfreno.

Pasaron los años, Yuri creció en la fe y se fortaleció su salud emocional, física y espiritual. Su vida cambio, se transformó en otra persona. Y entonces comprendí lo que Yuri siempre me decía: "En el dolor es cuando conoces a Dios."

Ella lo conoció, pero en ese momento pagó la factura. Su popularidad cambió y se enfrentó a las críticas sin piedad.

Recuerdo el impacto que fue saber que sus discos se desplomaban en ventas. Sus presentaciones eran continuamente canceladas. Y aunque en su momento dijo que no le importaba, porque se dedicaría a cantar para Cristo, con el paso del tiempo, cambio de opinión. Las puertas del mayor emporio de medios, llamado Televisa, también le daban la espalda.

Hubo un tiempo en que Yuri tuvo que llamar personalmente a los jefes de información, directores y productores para pedir un espacio en los medios. En algún momento, esos aires de cambio la llevaron a aceptar la invitación de TV Azteca para presentarse en *Domingo azteca*, un programa al que, en su momento, la televisora quería convertir en el *Siempre en domingo*, un formato que no prosperó. Sin embargo, a la artista multipremiada, la decisión de querer brillar en las pantallas del Ajusco la envió a un lugar destacado en la lista negra de Televisa, a pesar de que desde el 2000 ya existía una tregua entre la televisora del Ajusco y la de Chapultepec, tras varias batallas de una guerra entre televisoras en pro del *rating*.

En ese mismo año estaba casi a punto de concluir mi ciclo en el programa *Hoy*, tenía entonces mi oficina en Televisa Chapultepec y un día me transfirieron una llamada por segunda o tercera vez. Fue una grata sorpresa escuchar al otro lado del teléfono a Yuri, quien me saludaba feliz y cariñosa. Después de hablar y contarme que estaba por cambiarse de casa, que ya no vivía en el Desierto de los Leones y tenía un nuevo pastor, que no era tan duro con ella, en el sentido que le permitía vestir "más destapadita", porque sabía que la criticaban y tildaban de "monja".

La escuché más divertida y entusiasmada que nunca, después de varios temas de toda índole, fue directa con su deseo de estar en el programa *Hoy*, en el que me desempeñaba como jefe de información y productor asociado.

Yo no lo pensé ni un segundo. Una estrella de ese calibre nos llegaba como caída del cielo, porque en ese tiempo *Hoy* era maratónico, teníamos cinco horas al aire.

Comenzamos a preparar un programa en aras del *rating*, aunque Yuri todavía estaba bajo la idea de no cantar algunos de los éxitos que la habían consagrado, por el tema de su fe en Cristo. Especialmente aquellos que hablaban de infidelidad, adulterio o lujuria. Mientras ella me explicaba sus razones, en mi mente hacia un recuento casi matemático de las canciones prohibidas: "Amiga mía sé que te estoy quitando al hombre de tu vida", "De amante a señora", "Déjala", "Amores clandestinos", "Engáñame"…, o aquella canción que hablaba de poligamia. Son muchas, pero no lo consideré un obstáculo. Era y es una gran artista y los éxitos permitidos que tenía alcanzaban no para uno, sino para varios programas si quisiéramos.

Logramos coordinar para el gran día un repertorio emblemático y vestirlo con testimonios, amigos, anécdotas y reencuentros. La idea era preparar la gran reaparición de Yuri. Durante la reunión con la producción, mi propuesta alegró a muchos, incluido desde luego el productor ejecutivo, Federico Wilkins, quien aprobó la idea y vislumbró un gran programa. Pero a veces no todas las historias tienen un final feliz y pronto el desencanto y el desánimo invadió nuestras oficinas de Televisa Chapultepec. La noticia ya había recorrido todos los pasillos y había hecho eco hasta en San Ángel.

Una llamada urgente a una reunión disparó las alarmas y la duda. Era Wilkins, quien me pedía cancelar la presentación de Yuri. No quería dar explicaciones, pero yo no acepté sólo un *no*, quería un *por qué*. Al menos saber la razón exacta. La respuesta era más que simple. Yuri estaba en la lista negra, vetada, y no era persona grata en la propia televisora que la había lanzado a la fama. La orden venía desde "arriba", fue la explicación ampliada.

No esta demás decir que "arriba" era un término que en los medios ligamos al poder. Decir "arriba", podría decirse que se trataba del mismo Emilio Azcárraga, Pepe Bastón, Alberto Ciurana o Jorge Eduardo Murguía. ¿Quién había dado instrucciones para cancelar a Yuri? ¿Quién la había vetado? ¿Quién era el que no deseaba verla más en las pantallas del otrora Canal de las Estrellas?

Pasé toda la tarde pensando en cómo dar la noticia a la intérprete de "Quiero volver a empezar", a sólo unos días de la fecha prometida.

Tomé el teléfono y llamé a Yuri. Se lo dije directo y la noticia le cayó como balde de agua fría.

—Yuri, tengo la orden de cancelar tu presentación, lo siento mucho.

—¿Cómo?, ¡¿por qué?! —, dijo sorprendida.

Pero antes de que yo hablará, ella misma se respondió.

—René, yo sé que ahí hay gente que no me quiere… ¿Quién dio la orden, sabes?

—No Yuri, no me dijeron quién, sólo que la orden era de "arriba".

Y tras una larga conversación, pero con toda serenidad, Yuri aceptó el rechazó, no sin antes decir que ella sí sabía quién era.

A ese ejecutivo que la había vetado, Yuri lo definió como el amigo del maligno, del Diablo.

El "búnker" azul

Más que un lugar para descansar, el camerino de Raúl Velasco parecía un laboratorio de la conducta humana, estaba lleno de pacientes (llámense cantantes) que iban y venían.

Por aquel entonces yo tenía 24 años y era la animosa asistente de información del programa *Siempre en domingo*; se suponía que ayudaba directamente al señor Velasco con datos, tarjetas o guiones para que él pudiera echar mano de ellos y presentar mejor el programa. Aunque, a decir verdad, no siempre las utilizaba. Él prefería improvisar y decir lo que le salía del pecho (por no decir de los huevos).

En el foro 2 de Televisa San Angel hay dos pasillos repletos de camerinos de todos tamaños, individuales y colectivos. Pero don Raúl tenía uno especialmente construido y acondicionado para él, dentro del foro, a unos cuantos pasos del escenario principal. Eso le permitía estar lo suficientemente alejado de los artistas invitados (ya saben, para que no estuvieran dando lata antes del programa) y muy cerca del equipo de producción, para supervisar todos los detalles. Las paredes pintadas de azul cielo le daban tranquilidad al jefe, así que a donde quiera que el programa viajara, los utileros tenían que cargar con los botes de pintura para construirle uno igualito siempre.

Y como todo búnker, el de Raúl Velasco tenía acceso restringido, muy pocos podíamos entrar. De hecho, su asistente personal se paraba afuera de la puerta para que no se colara nadie: ni Dios ¡ni Denise de Kalafe! Es que la brasileña tenía muy mala vibra y lo ponía de nervios. Entonces, cuando iba de invitada al show, casi siempre cerca del 10 de mayo para cantar "… a ti que me diste tu vida, tu amor y tu espacio", teníamos que evitar a toda costa que le ensuciara el campo magnético al patrón.

—Quiero saludar a Raúl…

—Uy, no, Denise, ahorita está leyendo el guion y no lo podemos interrumpir. Mejor cuando te presente lo saludas…

Y ese momento nunca llegaba, porque cuando decía "Con ustedes… ¡Denise de Kalafe!", se regresaba corriendo al camerino y cuando ella terminaba de cantar "señora, señora, señora…", él ya estaba atrincherado a piedra y lodo.

Hubo un tiempo en el que a Raúl Velasco le dio por la energía, el Reiki y la sanación, y debo confesar que a mí me daba mucha risa. Pero algunos artistas se aprovechaban de eso para caerle bien y que los invitara más veces al programa. Me acuerdo que cuando el guatemalteco Ricardo Arjona llegó a *Siempre en domingo* a presentar su primer disco, venía súper aleccionado. Entró al camerino para agradecerle a Velasco su apoyo y le tiró un rollo con el que ligó como 4 programas al hilo.

—Qué gusto conocerlo señor Velasco ¡en mi país lo adoran! (eso sí era cierto).

Y se siguió de largo… "comparto mucho con usted el proceso de sanación, porque las energías deben fluir como la existencia misma…", que el movimiento de la vida y las moléculas, que el ser humano ha perdido la capacidad para fluir y no sé qué y no sé cuánto.

El señor Velasco lo escuchaba embelesado y nosotros pensando: "¡Mira que cabrón es Arjona, tan alto y tan listo!"

Los que tenían pase directo al cuartito azul eran los artistas más importantes como Julio Iglesias (que era gran amigo suyo), Luis Miguel (que le decía "tío Raúl" de cariño), Gloria Estefan, Emmanuel, Yuri o Raphael (de sus cuates más cercanos). Y, obvio, los que teníamos acceso especial, utilizábamos la ventaja para estrechar lazos con los invitados inalcanzables. Yo, por ejemplo, cada vez que Luis Miguel entraba, me ponía a platicar con él de lo que fuera (ya saben, ganando terreno ¡ja!), antes de que el jefe se diera cuenta y me mandara por allá: "Por favor, ve a la cabina, a ver cómo va todo" (es que don Raúl siempre supo mi potencial para el chisme). El camerino azul era el refugio de Micky, porque ahí podía estar a salvo de sus colegas —que siempre lo perseguían—, o para la cosa romántica o para pedirle que hicieran un dueto (musical… o del que fuera). Podía bailar, cantar, soltar quién le gustaba o romancear con total privacidad, mientras salía al escenario. Bueno, mediana privacidad. Cuando Luis Miguel llegaba, por arte de magia se aparecían conductoras, actrices, amigos y colados que nunca se paraban por el foro y, la verdad, si las mujeres estaban guapas sí entraban. ¿Cómo ven? Nosotros, los asistentes, como cadeneros de antro… "tú sí, ay, ¡tú no!" Ya saben cómo es uno, te dan tantito poder y te alocas.

Desde luego, el espacio privado de Raúl Velasco también era la sede de muchas juntas con todo tipo de información, desde chismes de pasillo hasta las últimas órdenes del señor Azcárraga Milmo. Que si el *raiting*, que si los vetados, que si las consentidas, que si la lana, que si las relaciones clandestinas, que si qué buen disco, que si qué mal se viste, que si Lucero y Francisco Xavier, que si Ernesto Laguardia quería con Thalía pero ella tenía dudas sexuales... Claro, de eso no podíamos repetir ni mú. Y es una lástima —periodísticamente hablando— porque en ese cuartito de 4x4 todos sabíamos demasiado.

Una de las primeras lecciones que aprendí ahí fue la puntualidad. Velasco nos traía cortitos. Recuerdo que siempre decía que cuando le tocaba junta con el señor Azcárraga, en Televisa Chapultepec, llegaba 20 minutos antes y esperaba afuera, para no fallar.

También en el búnker conocí el sentido del humor del famoso "güero de Celaya".

Oiga jefe —le conté un día— ¿qué onda con María Conchita? Qué raro que le gustan los chavitos. Erik, de Timbiriche y ahora Sergio, de Menudo…

—Bueno —contestó riéndose— ¡ya me salvé!

Otra vez se me ocurrió aconsejarle (o sea, de alumna a maestro) que le diera más temas a Sasha porque su nuevo álbum *Trampas de luz* era lo máximo. La respuesta fue mejor que el disco:

—Martha, no produzcas.

Ésa era una de las frases más escuchadas en el foro y en la oficina: no produzcas. Sonaba cada vez que alguien quería opinar de más o meter su cuchara. Claro, pues no era un simposio (de opiniones, preguntas y respuestas), era la "Producción Raúl Velasco" y como su nombre lo decía, él mandaba. Pero la verdad, era un gran capitán de barco. Duro, muy trabajador, inteligente, buen jefe con su equipo, cariñoso, cabrón, simpático y con un olfato especial para lo que funcionaba y lo que no, en la industria de la música y la tele. Un personaje fantástico.

Pero regresemos al camerino, porque ahí se escondía el brasileño Roberto Carlos cada vez que llegaba al programa y todo por culpa de algunas fobias no resueltas. Por ejemplo, le daba terror el color café, entonces teníamos que bloquear, alejar o taclear a cualquiera que estuviera vestido en ese tono; el intérprete de "Un gato en la oscuridad" decía que el café estaba maldito y atraía las malas vibras. Les digo, ¡era un mini manicomio! El brasileiro era tan especial que un día se armó tremenda bronca porque no quiso cantar con Lucía Méndez. Que no y que no. Dijo que "primero muerto" o algo así, y prefirió hacerlo con Pandora.

Por cierto, Isabel, Mayte y Fernanda sí tenían pase directo al camerino porque eran consentidas de don Raúl. Aunque sus mega favoritas eran las niñas de Garibaldi (Paty Manterola, Katia, Pilar Montenegro y Luisa Fernanda), ¡le encantaban!, y siempre pedía que pasaran a saludarlo antes de cantar. Eso sí, RV era como un tigre de peluche: coqueto pero inofensivo (por lo menos en mi época).

Fue el hipnotista español Tony Kamo el que le enseñó a Velasco cómo energizar con las manos las botellas de agua antes de tomarlas. Y ahí los veías haciendo un ritual, con mantras y cosas, en el camerino antes de empezar el programa.

Ponía la botella al centro de la mesa y le echaba *power* con las manos. Lo bueno es que preparaba más botellas de las que consumía y cuando se iba ¡yo me las tomaba! No sé si era gracias al poder de las moléculas o a los rollos motivacionales del patrón, pero los domingos me sentía la "Wonder woman".

Es que yo era una esponja. Dios, cuántas cosas absorbí.

El día que *Quién* rechazó a Gaby Spanic

En alguna ocasión quise trabajar en la revista *¡Hola!*, en ese entonces llegaban a mis manos fotografías y algunas buenas noticias dignas de un fabuloso titular, al puro estilo de la revista de fama mundial. En el 2002 no existía la versión mexicana de *¡Hola!* Así que toda posibilidad de difundir ese material se quedó en un sueño.

En febrero de ese año, yo no atravesaba el mejor momento profesional porque Televisa rescindió de mis servicios como director de *TeleGuía*, pero a mi correo electrónico y a mi dirección postal me seguían enviando fotografías estupendas, dignas de la también llamada "prensa del corazón". Para mi sorpresa, el área de medios de Televisa me seguía invitando a sus eventos y enviaba a mi casa imágenes inéditas de todas sus telenovelas, los momentos más sublimes de sus estrellas. Por cierto, aún conservo algunas de ellas.

También guardo algunas imágenes inolvidables que Gaby Spanic me mostró en persona, casi al final de esos días, en editorial Televisa. Imágenes de sus viajes a Europa, pero, en especial, algunas fotos que llamaron mucho mi atención: un recorrido por Rusia y algunos otros países que en su momento pertenecieron a la Unión Soviética. Lugares como televisoras y emisoras que fueron paralizadas por miles de seguidores ante la presencia de la actriz Gaby Spanic, pues era, y es, muy querida en muchas partes del mundo.

Recuerdo que me hablaba con emoción de la experiencia de esos momentos, le agradecí que me compartiera esas vivencias y pedí que Eva Moreno, reportera de *TeleGuía,* la entrevistara. Yo estaría encantado de publicarlas. En ese momento era la protagonista de *La intrusa* y tenía un éxito arrollador. Por problemas de espacio —debido a que era una revista de formato pequeño—, sólo se publicó un par de fotos como adelanto y lo postergamos para una próxima edición. La siguiente publicación no se pudo concretar: me dieron las gracias. Así que salí con mi mochila Louis Vuitton (que recién estrenaba) y mis pertenencias, que fueron echadas apresuradamente por mis compañeros en una caja que le había llegado a alguien de ellos, por ser el día de San Valentín. Varios de mis queridos compañeros me ayudaron para no prolongar el sorpresivo y mal momento.

Un par de semanas después establecí contacto con la revista *Quién* y estuve un par de semanas a la espera de un inminente ingreso a esa publicación, después de pasar los filtros y de algunas entrevistas con los editores, Blanca Gómez y algunos miembros del Consejo editorial. Mientras yo esperaba la promesa de ese ingreso oficial, cayó la discreta petición de hacer algunas entrevistas con el ilustre elenco de Televisa. La primera de ellas fue conseguir un encuentro con Adela Micha, después serían otros personajes que ya no recuerdo.

Lo que sí está fresco en mi memoria es que, en mi enorme caja roja, de aquel Día de San Valentín, encontré varias cosas. Algunas de ellas fueron las dichosas fotografías del recorrido fantástico que había hecho Gaby Spanic por Europa del Este. Me puse feliz y en ese momento llamé a la editora de Quién, y mientras le narraba mi hallazgo y lo que la protagonista de *La intrusa* me había dicho, yo describía entusiasmado cada una de esas imágenes y le explicaba emocionado que podía ser un gran reportaje de varias páginas, que las fotografías eran de una excelente calidad y con toda libertad podríamos publicarlas, porque tenía el permiso de la actriz para hacerlo, incluso podía hacerle una entrevista más amplia… tras un largo silencio al otro lado del teléfono, pregunté.

—¿Me escuchas?… —, pensé que me había quedado hablando solo.

—Sí, sí te escucho—, dijo la editora —. ¿Ya terminaste? —, preguntó.

—Sí, sí, sí, ¿qué te parece?

—Muy bien, pero tengo que decirte que eso no vende…

—¿Cómo que no vende? —la interrumpí—. Es la protagonista de *La intrusa* y está en el primer lugar de *rating*.

—No vende, no vende, busca otra cosa. Consigue mejor la entrevista con Adela Micha, enfócate en eso.

Mi llamada con la editora terminó apresuradamente y aún contrariado me quedé reflexionando en lo que me dijo.

"¿Gaby Spanic, no vende?" Claro que sí vendía…, en mi opinión.

Pero en aquel momento, los editores de Quién pensaban diferente. Obvio, era una forma de decir que no era el perfil de la revista. En otra llamada lo hablamos y lo entendí perfectamente. El perfil de Quién era un tanto ecléctico, todavía lo es. En ese tiempo les importaban más las portadas y páginas repletas de la *socialité* mexicana, salpicada de vez en cuando por algunos famosos, y más si estaban relacionados con la esfera política, esto significaba un paso seguro en el selectísimo mundo de esa publicación.

Pero no había tiempo para seguir defendiendo a Gaby Spanic y sus fotografías únicas en países lejanos. El trabajo estaba aquí y ahora, y en lugar de la Spanic, querían a la Micha, en ese tiempo era la conductora más consentida de la barra de información de Noticieros Televisa y arrasaba en *Big Brother.*

Me puse a trabajar. Conseguí la entrevista y quedamos de realizarla en un exclusivo hotel. En la redacción, Blanca Gómez se encargaría, junto a los otros editores, de realizar toda la logística: fotógrafos, *catering*, vestuario exclusivo para la periodista, maquillaje…, en fin, todo lo que una entrevista de ese calibre significa. Mientras, yo estaba asignado, además, a confirmar si la Micha tenía un romance con el entonces canciller Jorge Castañeda, como se *rumoreaba.* Esa era la encomienda. Llamé a todos mis contactos, incluso a uno de la misma Secretaría de Relaciones Exteriores y del círculo cercano al canciller, quien me lo confirmó. No daré su nombre porque aún trabaja en la diplomacia. Pero con esa llamada al más alto nivel de la oficina de la Secretaría, tuve también la oportunidad de confirmar el lugar exacto donde Micha y Castañeda se encontrarían en el Caribe mexicano, pero eso no era todo: recabé varios detalles de la relación amorosa salpicada con ese toque "prohibido" que desata aún más la curiosidad de quienes conforman la cerradísima élite mexicana, pero también de quienes no pertenecen a ella.

La entrevista con Adela Micha nunca se realizó, alguien le filtró a la periodista televisiva lo que se estaba planeando desde la redacción de *Quién.*

Adela Micha me llamó y tras un parco saludo, vino el reclamó.

—René, me estoy enterando de las verdaderas intenciones de la entrevista. Sólo te quiero decir que de mi vida privada no hablo y la entrevista queda cancelada.

No pude convencerla ni hacerla cambiar de opinión. Le pedí, le rogué, pero fue inútil.

Llamé desesperado a la editora y le dije que Adela me había cancelado la entrevista, ella ya lo sabía, porque también les había llamado. Pero la maquinaria no se detuvo. Redacté parte de aquel reportaje que se me había asignado, sin la entrevista, pero aun así esa portada fue un trancazo. El romance de quien fuera la *Big Sister* y el Canciller salió a la luz, aunque días antes ambos juraban que no era verdad. La exclusiva iba acompañada de las fotografías que evidenciaban su relación en una playa del caribe mexicano. Teníamos, además, los secretos de un romance clandestino.

Mi misión había terminado con éxito y una efusiva felicitación, pero la promesa de mi contrato nunca llegó. Los editores de la revista tuvieron a bien decirme, muy educadamente, que los planes de expansión de *Quién* estaban cancelados, pero que estaríamos en contacto para mi incorporación en un futuro cercano. Han pasado casi dos décadas desde entonces y aún trato de descifrar ese futuro cercano que me fue prometido.

Cuando Salma odiaba a Ricky Martin

La vida da muchas vueltas.

Aunque Salma y Ricky se abrazaron como si se amaran de toda la vida en los Globos de Oro, y se saludaron con un hermosísimo *"how are you?..., fine, thank you ¿and you?"*, en 1994 se odiaban. Bueno, no sé si el odio era bilateral, pero de que Salma no soportaba al boricua, estoy 100 por ciento segura. Cien por ciento.

No es el momento de explicar por qué acompañé una tarde a Salma Hayek a la tintorería en West Hollywood, pero ahí —entre camisas planchadas y vestidos perfectamente alisados— me confesó que alucinaba a Ricky.

—¿Pooor?

—Por todo lo que le hizo a Rebeca (de Alba).

Tal cual, indignada y textual, con entonación específica: "To-doooo…lo que le hizoooo a Rebeca."

Es que Salma y Rebeca eran grandes amigas gracias a Adriana Abascal, la última pareja de Emilio Azcárraga Milmo. Compartían largos paseos en altamar y muchas aventuras.

Yo, que a veces no puedo guardar confesiones, le pasé el dato a mi jefa en TvAzteca, pero ella no creyó la historia. "Claro que no, se llevaban perfecto, porque los dos son latinos triunfadores en Estados Unidos…" Yo insistía que sí y ella que no.

Por suerte, este libro se trata de sacar lo que se nos quedó en el tintero, así que les contaré que ese "todo" al que se refería Salma era —básicamente— que Ricky Martin era el novio, ponle prometido, de Rebeca y le mentía con toda la cara porque era totalmente gay. Completamente.

No se atrevía a confesarlo abiertamente al público, primero porque no era tan valiente y luego porque se lo tenían prohibidísimo a nivel laboral.

Suena increíble, pero justo cuando Ricky planeaba casarse con Rebeca de Alba (para quitarse la presión de encima y también porque la quería, a su manera), Tommy Mottola dijo que ¡sobre su cadáver! (algo así como "¡*over my dead body!*"), porque el entonces presidente de Sony Music pensaba que si las fans sabían que era un hombre casado, perdería toda la popularidad y si sabían que era gay, ¡peor! Entonces Ricky, ni salió del clóset ni se casó.

Que, si lo pensamos bien, Mottola le hizo un favor muy gordo a Rebeca, porque le evitó la pena de enterarse que su marido era homosexual. Aunque yo digo que la güera, en el fondo, siempre lo supo.

La cosa es que Salma, entonces también súper amiga de Ricky (tanto que hasta bailó en alguno de sus videos), decidió ponerse del lado de la güera y no quería ver al ex Menudo ni en pintura.

Y la Hayek, siempre, s-i-e-m-p-r-e se entera de todo. Sabía lo de Tommy, pero también de los gustos reales de Ricky.

Seguramente algún lector se preguntará "¿Ricky, en serio?" Porque ahorita lo vemos tan perfecto, tan familiar y tan iluminado, pero

tuvo una época en la que pasó por el fango y sí se manchó el pluma-
je, era muy reventado. Amén de que tenía el carácter súper voluble:
lo podías ver sonriente y a los tres minutos era el personaje más serio
del mundo. Él lo atribuye a que es el clásico Capricornio.

Con el paso de los años, la vida dio más vueltas. Ricky al fin salió
del clóset, mientras Rebeca y Salma dejaron de ser amigas por causas
desconocidas (o porque Yolanda Andrade las separó, según cuentan
los cercanos).

Entonces, muchos años después, Ricky Martin y Salma Hayek
retomaron aquella vieja amistad y ahora son los mejores cuates del
mundo, sobre todo cuando se trata de unirse contra el círculo súper
cerrado de Hollywood.

La moraleja: no tomes partido cuando una pareja se separa. Nunca quedas bien.

¡En la cajuela, Trevi, en la cajuela!

Ahora les contaré del día en que mi orden de trabajo pasó de ser reportero a guardia de Gloria Trevi. La orden era extraña y ultrasecreta, pero precisa: "Guardia en la redacción de Televisa Sevilla, todo el día. Y esperar indicaciones de la producción." Durante algunos años esas instalaciones eran un anexo del emporio televisivo, destinadas a la grabación de programas unitarios como *Otro rollo*, algunos programas especiales y, entre 1997 y 1999, los polémicos estudios de *Fuera de la ley* y *Duro y directo*.

En ese entonces, yo era uno de los reporteros del programa más visto de Televisa: *Duro y directo*. La nota policiaca era el tema a destacar, pero se mezclaba con el drama, la siempre bien recibida astrología, así como una dosis exacta de la seducción del espectáculo, y qué decir de uno de los casos más insólitos que llegué a ser testigo: un exorcismo, y les aseguro, es lo más aterrador e inexplicable que he vivido. Pero esa es otra historia.

Les decía de *Duro y directo*, ese programa al que muchos criticaban, pero también, el que los tenía pegados a la televisión todos los días y terminaba siendo la conversación del café en la oficina, la escuela y hasta en reuniones familiares. Gustara o no, era el más visto, el de mayor audiencia. No se me olvida la frustración que fue para mí perder todo un día en la redacción sin hacer prácticamente nada, una frustración de la que a ratos me olvidaba, porque pensaba en que mi orden de trabajo, al final, daría un giro y podría irme a casa con la satisfacción del deber cumplido. Nada más alejado que eso. Porque lo que estaba por suceder era quizá otra gran decepción. Las frustraciones y los triunfos que la carrera periodística a veces nos tiene guardados como para no olvidar quiénes somos.

Pasaban las horas y el numeroso equipo de redacción que tenía el programa no me daba una indicación concreta. Llegó la noche, entonces mi teléfono no dejó de sonar.

En aquellas horas recorría los pasillos, las islas de edición, la redacción, la calle…, para no sentir la claustrofobia. Una llamada de Roger Villar, jefe de información, me pidió estar atento.

—Vendrá un auto después de las 9 de la noche, espera afuera y asegúrate que ingrese hasta el estacionamiento. Esas instalaciones eran tan pequeñas, que el "estacionamiento" se concretaba a un espacio reducido y en el que, a lo mucho, cabían un par de autos, no más.

—¿A quién voy a entrevistar? —, pregunté.

—A nadie —respondió—. Esperas a que entre el carro y te quedas en la calle. Si ves algo sospechoso como cámaras de televisión o gente, nos avisas

Eran casi las 11 de la noche. No recuerdo el tipo ni el modelo, pero un auto negro con vidrios polarizados hizo su arribo. Se notaba que habían recibido instrucciones, porque en cuanto se abrió el portón ingresó sin abrir una sola ventanilla. El tipo de carro, color y placas ya eran del conocimiento del guardia de seguridad.

El carro ingresó, cinco minutos después bajó una joven muy guapa, cabello negro, con lentes obscuros, vestida toda de negro y con un color de labios pálido. De momento no la pude reconocer, hasta que me la encontré de frente supe que era María Raquenel o "Mary Boquitas", como también se le recuerda.

Ahí pensé que los siguientes en bajar serían Sergio Andrade y Gloria Trevi, el primero nunca apareció, pero Gloria sí.

Con la mirada baja, sin hablar ni dirigir una sola palabra, siguieron las indicaciones de una de las personas cercanas al productor Alexis Núñez y las condujeron hasta su oficina, donde permanecieron por más de una hora.

Corrí hasta el piso de la redacción y pregunté qué debía hacer, porque aún no recibía ninguna instrucción. Corrí entre la adrenalina producida por la emoción y el estrés habitual de estar frente a una celebridad buscada por todos. Ingenuamente creí que entrevistaría a Gloria Trevi. Pero cuando tuve frente a mí de nuevo al jefe de asignaciones, sólo fue para llamarme la atención y preguntarme por qué no estaba en la calle de guardia, como me lo había pedido.

—¿Mi orden de trabajo es reportero o portero?—, lo enfrenté.

—Vuelve a tu lugar y repórtame si ves algo sospechoso.

No voy a negar que estuve a punto de marcharme a casa, no lo hice sólo de imaginar la reprimenda que me esperaría si desobedecía una orden, posiblemente mi despido.

Me quedé, encabronado, pero me quedé.

Mientras le hacía compañía al guardia de seguridad y me estrenaba de vigilante, permanecía atento a todo movimiento "sospechoso".

Quizá se pregunten por qué tanto alboroto y secretismo con Gloria Trevi.

En ese momento no sólo era la persona más buscada, sino que había una investigación basada en el testimonio de varias de las integrantes del llamado clan Trevi Andrade. La justicia mexicana ya le seguía la pista a la cantante y a su productor musical.

Gloria Trevi había guardado silencio y nadie sabía de su paradero. Muchos decían que estaba en España, otros en Brasil, pero en realidad nadie sabía dónde. El motivo de la visita de Gloria Trevi y María Raquenel hasta las oficinas de *Duro y directo* era para delinear los detalles de una entrevista con la que Gloria Trevi rompería el silencio ante las acusaciones que pesaban sobre ella, el productor musical y "Mary Boquitas"

Finalmente, y en otro lugar secreto, la entrevista con Gloria fue realizada por Fernando del Rincón, presentador del programa.

Una vez consensuado el encuentro para la entrevista con Gloria, salieron de aquella oficina de Televisa Sevilla. Bajaron una larga escalera en la que Gloria por poco y se cae porque (aun siendo casi la media noche) las grandes gafas obscuras la hicieron perder el equilibrio.

El auto, del cual nunca bajo el chofer, las esperaba con el motor encendido. Y antes de que se abriera el portón. Una voz de hombre desde el interior gritaba.

—¡En la cajuela, Gloria, en la cajuela!

Yo, a escasos tres metros de ella, observé la escena. Gloria se quedó petrificada y sin saber qué hacer. Desde adentro alguien seguía gritando.

—¡En la cajuela, Gloria, en la cajuela!

Y la cajuela estaba abierta, esperando que Gloria la usara para salir de las instalaciones de Televisa Sevilla. Gloria no hizo caso, miro a ambos lados y sin decir una palabra, ignoró las indicaciones, abrió la puerta trasera y la azotó con fuerza.

Días después apareció en exclusiva en *Duro y directo*. Esa fue la última vez que Gloria estuvo en México. La siguiente imagen que vi de la cantante de "El recuento de los daños" fue semanas después, esposada, la cabeza agachada y tras las rejas, en Brasil.

El preso más guapo

Cuando Laureano Brizuela cayó en la cárcel por evasión fiscal, éramos muy buenos amigos. Una vez leí por ahí que "hacer amistad con los propios no tiene chiste, hay que hacerla con los diferentes". Pues eso.

Lo acompañé en su última gira por la República mexicana en conciertos, discotecas y un montón de palenques. Sé que para muchos era un perfecto desconocido cuando apareció en el programa *¿Quién es la máscara?* Pero deben saber que el rockero argentino llegó a la cima.

Tenía tantas presentaciones —un mes hizo 28 conciertos— que era difícil seguirle el paso. Yo, con toda la juventud y pila del mundo, terminaba agotada y a veces me quedaba dormida en los palenques (recargada en una bocina, arrullada por la vibración) mientras él cantaba feliz "soy el viento del sur, soy un huracán y he venido a traerte la paz…"

En ese tiempo era la coordinadora editorial de la revista *Eres* y una tarde toda la redacción se quedó en silencio porque la recepcionista me llamó a grito pelado: "¡Martha, Maaaaarthaaaaa, tienes una llamada del Reclusorio Norte!" Siendo en aquel entonces la revista más fresa sobre la faz de la tierra, me voltearon a ver con cara de terror.

Yo, por supuesto, reaccioné muy *cool*, como mujer de mundo y puse cara de "nada" —aunque acepto que se sintió muy raro—. No sé, a los 20 años no estaba acostumbrada a recibir llamadas carcelarias. Ya sabrán, ardió Troya, bueno, *Eres*. Mis compañeros decían "¿Oíste? ¡Le llaman del Reclusorio!" "¿Es en serio?" "¿En qué andará metida?" (Jajajaja.)

La verdad es que tenía colegas muy simplones que se asustaban por cualquier cosa. Si supieran que no era mi primer amigo en prisión. Años antes, cuando tenía 14 años, tenía un medio novio de Guadalajara que fue a dar al bote porque se afilió a un cártel (o sea, se hizo narco).

Total, que con la voz más elegante que encontré le pedí a la telefonista chismosa que me pasara la llamada. Era Laureano…

—¿Hola?…

—¡¿Qué hacés nena?! Yo aquí, sigo en RENO. ¿Cuándo vienes a visitarme?

Y a mí que siempre me ha gustado la aventura (ahora que estoy cincuentona no tanto, pero sí), no me quedó más remedio que acudir a la cita.

RENO, el Reclusorio Norte, está en casa del demonio. Ahorita pides un Uber y te deja en la puerta, pero cuando recibí la invitación, en el 89, no tenía coche. Bueno sí, pero lo tenía guardado. Es que compré un Volkswagen hermoso que no sabía manejar, así que llegué como pude hasta Cuautitlán, creo. Y cuando digo como pude, quiero decir una combinación de metro, camión, taxi y caminata.

¿Han estado de visita en la cárcel? Yo ya había estado, pero no me acordaba de los protocolos. Es que hay muchas reglas para entrar, y la primera es que no puedes ir vestida como se te dé la gana, ni usar ciertos colores. Y claro, yo no le atiné a nada y tuve que rentar ropa afuera para ingresar: era parecido a ir de compras en las rebajas, encontrar algo de mi talla (era flaca entonces) en una montaña de cosas variopintas. Sudadas, debo agregar.

Luego del registro en la "Aduana", me formé para cruzar el filtro de revisión que era más bien una "estación de manoseo" (es lo más cerca que he estado de ser lesbiana). Es que te revisan todos los rincones porque, según palabras de la señora guardia, hay visitantes que se esconden chucherías en los agujeros del cuerpo, que van desde herramientas para escape, hasta dinero y regalos. ¿Cómo te guardas un martillo en el trasero?

Bueno, a lo que iba es que yo no traía nada prohibido, sólo mi cara de inocente con la que atravesé todo el patio, mientras algunos presos —o "internos", que es la forma correcta de llamarlos— me veían con cara de "Mmmmmmmh, mira nada más, ¡qué tenemos por aquí!" Para no tener miedo me puse a pensar que todos esos hombres eran inocentes porque, obvio, los peligrosos —ponle violadores, asesinos, secuestradores, descuartizadores...— estarían encerrados en un pabellón especial. Ya luego supe que no, estaban juntos y revueltos. Por si las moscas, yo sonreía parejo y apretaba el paso.

No fue fácil llegar hasta la sala de visitas, pero valió la pena por ver la cara de emoción que puso Brizuela con la sorpresa.

—¡Nena, qué linda estás! ¡Qué lindos pantalones rojos! (la verdad si estaban padres. Sucios, pero bonitos).

Laureno estaba parado ahí con la melena, la sonrisa y los lentes oscuros de siempre, sólo que, en lugar del acostumbrado *outfit* negro de piel y botas de motociclista, vestía ropa color caqui. A decir verdad, le pisotearon la dignidad y todos sus derechos, pero lo sexy nadie se lo quitaba.

Nos sentamos y platicamos largo y tendido, yo le contaba de afuera y él de adentro. No lo podía creer, mi amigo Brizu que se ponía de malas si no había sushi fresco en los pueblos donde hacía palenques, comiendo con cuchara de peltre un guisadito de albóndigas en un plato de barro despostillado. Me explicó que no había tenedores en prisión para que no los usaras como arma blanca para matar a alguien. Aunque yo digo que en un ataque de furia puedes acribillar a tu enemigo a cucharazos o ahorcarlo sin más. Pero ¿quién soy para cambiar el sistema penitenciario? Exacto, nadie.

El caso es que después de pasear juntos por RENO, Laureano me llevó a conocer su celda. Siempre pensé que lo encontraría en un cuartito con barrotes tipo *La fuga de Alcatraz*, la película de Clint Eastwood, pero no. El espacio en el que Laureano Brizuela vivió durante casi 5 meses era un cuarto normal, con puerta y varias repisas donde acomodaba sus libros y muchos suéteres café clarito, de diseñador. Les digo ¡era un preso re guapo! Por cierto, la mujer custodia de la entrada me preguntó: "¿Viene a visita conyugal?" Y yo, en plena e inútil inocencia, respondí: "No, no soy su esposa. Sólo vengo a visita normal."

Es que todavía no era tan avispada. Y estoy segura que muchas hubieran ido felices a darle amor a Laureano, porque en ese tiempo muchas morían por él, desde Alejandra Guzmán hasta Sasha, que un día le mandó una cartita de "*I love you…*".

El tiempo de visita pasó volando y "Brizu" me encaminó a la salida. Hagan de cuenta que era gira de promoción: todos se paraban a saludarlo y pedirle autógrafos. Él los saludaba con un: "¡¿Qué pasa nene, cómo vas?!" De autógrafos escritos nada, porque tampoco había bolígrafos, por aquello de que se lo ensartes en el ojo o en la yugular a un prójimo.

De pronto Laureano se detuvo a platicar con una señora elegantísima, pelazo negro divino y una cara súper familiar. Y ahí me tienen:

"¿Dónde la he visto, dónde la visto?" Hasta que me acordé de *Ni Chana ni Juana*, la película donde María Elena Velasco hacía dos personajes… sí, ¡era la India María! Pero sin caracterización era otra. Nunca supe a quién visitaba, pero con lo genial y brava que era, seguro estaba ahí para salvar a alguien.

Me despedí de Laureano con un abrazo grande y la promesa de regresar, cosa que no cumplí porque, afortunadamente, lo soltaron algunas semanas después.

Al día siguiente del "viaje" a Cuautitlán, llegué temprano a la revista porque quería contarle a todo el mundo lo que había visto. Laureano ya había sido portada de *Eres* con Alejandra Guzmán, así que pensé que le dedicaríamos un gran reportaje o algo.

Pues no hubo manera. Aunque le hice un relato súper emocionante (¡ya me conocen!), la directora y dueña de la revista, sólo me miró de arriba a abajo, se acomodó la larga melena de lado (¿ya saben cómo? Como de "huele mi champu") y soltó un sentido: "Obvio no, las páginas de *Eres* no son para eso." Obvio no.

Los enredos de Thalía

Thalía sufrió una soledad eterna. Hundida en una depresión amarga lloró inconsolablemente por mucho tiempo, incluso en los momentos de mayor éxito en su vida. Con esta confesión y el relato escrito de su puño y letra comenzó mi relación profesional con una de las estrellas más queridas, no sólo en México, sino en muchos otros países.

Era el fin de año del 2002 y para ese entonces yo vivía en Los Ángeles, pero a petición de mi jefa, Su Yein Butcher, vicepresidenta de American Media Magazine Group, tuve que cambiar mi residencia a Nueva York, ya que la empresa desarrollaría en esa ciudad algunos proyectos ambiciosos.

A mi llegada me dieron la noticia de que estaría al frente de una nueva revista. No me dieron detalles, tampoco pregunté. En ese momento me importaba más saber dónde viviría; mi mudanza estaba en camino y aún no tenía un espacio. Estaba a punto de la desesperación porque una cosa es llegar de visita a la ciudad más vibrante del mundo y otra muy distinta es vivir en ella. El primer susto fue recordar los exorbitantes precios de los apartamentos. Llegué con mi jefa para explicarle y ella, como una de las mejores jefas que he tenido en mi vida, me dijo que ese asunto estaba resuelto y que no me preocupara.

Ellos se encargarían de asignarme primero un hotel y después un apartamento en Manhattan. Me tranquilicé y de paso hice una discreta petición, que no me dieran un apartamento en uno de los barrios de Nueva York con fama de no ser los más seguros. Digamos que yo sólo deseaba vivir cerca de la oficina. En aquel entonces American Media estaba ubicado en el One Park Avenue de Nueva York. Al final, mis deseos fueron escuchados y mi vida transcurrió feliz durante varios años a unas calles de Park Avenue.

Una vez resuelto el tema del apartamento y con la alegría de saber que el costo era una cortesía de la compañía (y que yo no tendría que desembolsar los 8 mil dólares de renta mensual), respiré tranquilo y me puse a trabajar.

En ese entonces estaba concentrado sólo en el nuevo proyecto editorial y ni siquiera conocía los detalles de éste. Fue así que, en una comida con Sue Yein Butcher y varios compañeros del grupo editorial, me dieron todos los detalles.

—¿Conoces a Thalía? —, fue la primera pregunta de Sue Yein Butcher.

—Claro, cómo no la voy a conocer, acabo de entrevistarla en Los Ángeles—, le dije.

—Ella será tu nueva jefa—, dijo sonriente, en tono de broma.

—¿Cómo está eso?—, fue mi respuesta entre el asombro y la incredulidad.

Entonces empezó a contarme los detalles. Thalía había firmado con American Media lo que sería su nuevo proyecto. Un contrato que tiempo después rompió y del que más adelante contaré las razones. Pero les decía que era un plan ambicioso. Una idea que había sido acordada por los ejecutivos de la editorial y a la que le apostaban un éxito sin precedentes.

Trabajamos arduamente para crear y consolidar el proyecto más íntimo y deseado de Thalía. En el 2003 la cantante ya vivía en Nueva York y tenía mil proyectos en mano. La "emperatriz de la belleza" —sobrenombre que acuñó en sus inicios en México— seguía arrasando. ¿Qué más le podía faltar? Tenía como esposo a un magnate, poseía éxito, fama, propiedades de sobrado lujo en Manhattan y a las afueras de la Gran Manzana (sin contar las de Aspen, Colorado y otros sitios de descanso muy deseados). Pero uno de sus sueños en ese momento era tener su propia revista. Quería emular a Oprah. Thalía me decía que era su inspiración. Tommy Mottola, quien respaldaba y apoyaba todos los deseos de la estrella llegó hasta una de las editoriales más influyentes y de trascendencia internacional. Aprovechó su contacto y la relación con David Pecker, el *Chairman, President and Chief, Executive Officer* de American Media; para entendernos mejor, el dueño y todopoderoso de decenas de publicaciones en inglés y algunas en español.

La relación Mottola—Pecker venía de tiempo atrás, ambos, hombres de negocios influyentes y poderosos de Nueva York. Por cierto, David Pecker, es una persona muy cercana, desde hacía tiempo, al ahora presidente Donald Trump. Una relación que en la actualidad le ha costado estar en el ojo del huracán por supuestamente ayudar a Trump a ocultar y silenciar las relaciones amorosas de su pasado, algo que el mandatario ha negado una y otra vez.

Durante mucho tiempo, algunos amigos, pero sobre todo muchos de los miembros de los clubes de fans con los que hice contacto en México y en Nueva York, me preguntaban cómo era el día a día con Thalía. Me interrogaban emocionados, incluso algunos de ellos se la imaginaban llegando todos los días a la oficina al estilo de "Miranda Priestly", el personaje que interpretó Meryl Streep en la película *The devil wears Prada*.

Pero no era exactamente así (aunque reconozco que había algunas similitudes). Comencemos por lo que nunca ocurría: no llegaba a la oficina todos los días, ni tenía un horario, ni le reportaba a nadie, porque ella era la jefa. Se enteraba de casi todo a distancia, su oficina principal podía estar en Manhattan, en su casa en Aspen o en su mansión situada en una de las poderosas zonas residenciales a las afueras de la Gran Manzana. Defendía sus ideas a punta de hierro. Nadie podía hacerla cambiar de opinión (a menos que coincidiera con lo que ella tenía en mente). Así también comenzó mi encuentro acelerado entre cierres de edición y aprobación de cada una de las secciones que *Thalía, la revista*, incluía en su edición mensual. Quienes desde ese momento trabajamos en el desarrollo del concepto y la selección final de cada una de las secciones previamente aprobadas por la actriz, fuimos reubicados en el área sur del tercer piso de la sede de American Media, donde se desarrollaban otras revistas tanto en español como en inglés. Eran grandes las áreas para oficinas y con la mejor vista a Park Avenue. Ahí también le fue asignada una oficina a Thalía y Tommy Mottola, desde la cual podían observar a todo el equipo. Oficinas con grandes ventanas de cristal, escritorios, lámparas y estantería de Design Within Reach, sillas Herman Miller y uno que otro objeto de diseño exclusivo.

En la oficina de Thalía, sobre su impecable escritorio, había siempre un arreglo floral que cada 10 días era cambiado. En una mesa, del lado derecho, algunas fotos y objetos de cristal Lalique. Su oficina siempre estaba impregnada de un perfume sugerente. Un día, cuando miré que un hombre colocaba una fragancia ambiental discreta (que era cambiada puntualmente cada 30 días), le pregunté el nombre de ese aroma, "se llama *Plum Flower Tree*", me dijo, una fragancia de la que me adueñé y desde entonces compro en versión incienso para tener un aroma especial en mi casa.

Aun con todo ese glamour que vestía la oficina de Thalía, pocas veces fue aprovechada. Sus apariciones eran esporádicas, para entonces, ella ya tenía el ojo puesto en los negocios con su línea de ropa y accesorios, el contrato con los chocolates Hershey´s y su línea de lentes, todo eso comenzó un poco antes del lanzamiento de su revista. Y si a eso le sumamos las presentaciones que tenía, los compromisos como empresaria y su vida de casada, eran más que justificadas algunas de sus ausencias.

Pero para eso estábamos nosotros. No, ¡Tommy Mottola, no! Aunque era el director ejecutivo de la publicación, se apareció por ahí mucho menos que su esposa. La responsabilidad era de los editores, uno de ellos yo, el editor ejecutivo; tenía el deber no sólo de crear el concepto de toda la revista, sino de complacer a Thalía. Y ese fue el reto durante casi 2 años. Thalía hacía su arribo a la editorial con un maquillaje impecable y su cabello radiante. Recuerdo más a Thalía con sus *looks* de invierno, siempre imponentes. Los neoyorquinos dicen que es cuando la gente lleva una elegancia que raya en la soberbia, y tienen razón. Thalía tenía fascinación por los abrigos. A veces de *animal print* leopardezco, otras de negro azabache o de un blanco inmaculado. Cuando se lo quitaba mostraba la ropa, siempre de marca, estrujando su cuerpo. Su sonrisa derretía a todos, llegaba con un saludo de manos y un beso. Algo nada común en Estados Unidos. Cuidado si una persona se atreve a besar a alguien, anglo o latino, da igual, porque en el mejor de los casos la respuesta será una mala cara, pero en otras ocasiones la respuesta a tal atrevimiento puede ser, incluso, un empujón. Y más ahora en la era del *#Me too*. Pero Thalía se sentía y estaba en terreno seguro. Sus ojos chispeaban de emoción y siempre pedía el desayuno para todos. Ella sólo un jugo, quizá un café, yogurt, frutos secos, granola y fruta fresca. Algunas veces mis compañeros y yo no perdonamos los muffins, los *bagels,* el huevo con papas fritas, los *hot dogs* y hasta las hamburguesas ¡para el desayuno! Ahora ya no puedo con eso. Y una vez saciado nuestro apetito, Thalía comenzaba a revisar las páginas con especial atención en el diseño, la calidad de las fotografías de sus artistas —colegas queridos que aparecían—, y un especial cuidado en la sección de moda y maquillaje. Ahí podría tardarse horas en aprobar, para luego, de un buen rato, por fin sacarle la firma de visto bueno a las páginas, esto indicaba que habían sido de su agrado. Cuántas horas pasábamos así, perdí la cuenta, pero fueron muchas. El resto de las secciones se las llevaba a casa, si estaban listas, si no era así, teníamos que llevarle la revista en una carpeta con todas las páginas para revisar. Esta labor requería mucha paciencia, porque entre las muchas ocupaciones de la cantante, la rapidez no era su fuerte. Pero, sin duda, tenía muchas otras cualidades que nos hacían olvidar esa... impuntualidad involuntaria, llamémosle así.

En una ocasión, tras realizar una sesión fotográfica con Chayanne y Thalía, sirviendo también de anfitriona (porque ella lo entrevistaría), nos pidió que antes de elegir las fotos, se las enviáramos para que ella diera su aprobación. Al final eso nunca ocurrió. A la editora de fotografía, o a su asistente, se le olvidó (o lo hicieron con toda intención). Se enviaron a diseño las imágenes seleccionadas por ellas y así se trabajaron. Una de las labores de un editor fotográfico es elegir las mejores antes de comenzar el diseño.

Cuando llegó el día de aprobar las páginas finales estábamos todos reunidos en la sala de juntas. Teníamos un enorme pizarrón donde colocábamos cada una de las páginas, en este caso, de la número 1 hasta la 120. Thalía comenzó el recorrido, se detenía, observaba sólo lo visual, porque el contenido estaba delegado íntegramente a mi persona. Ya había recorrido un par de secciones y había llegado hasta la pagina 12, una sección donde mostraba el lujo con el que vivía Christina Aguilera; los autos de escandaloso valor de Beyoncé; la mansión recién adquirida de Hally Berry y la excentricidad de Madonna. En todas estas páginas plasmó su firma, el valioso signo de su aprobación y el mensaje más que claro de que hasta ahí todo había sido de su agrado.

Thalía sonreía, "me encanta", "son unos genios", y nos miraba con esa risa de complicidad. A esa sección titulada *Acceso total* le siguieron las de Moda y Estilo, de todas ellas arrancamos su autógrafo. Así llegamos hasta la página 24, era la tercera edición. Thalía quedó en *shock*, puso el dedo en la primera página y dijo en un tono que nunca logré descifrar si fue de asombro o encabronamiento, yo creo que fue más lo segundo.

"¿Qué es esto?", con el dedo índice sin mover, sin quitarlo de la página 24. La página de la vergüenza, así podríamos llamarla, la página que nos quitó las medallas de los más chingones que nos había regalado hacía algunos minutos.

"¡Qué es esto!", volvió a preguntar ante el silencio y la respuesta que nadie se atrevía a dar.

Y es que, en todas las fotos, Thalía lucía espléndida, pero con los ojos cerrados y Chayanne muy guapo, pero con una gran papada. Después de algunos segundos llegó la respuesta rápida de la editora de fotografía, nos decía que eran sólo las pruebas, pero que había mejores. Una explicación temerosa, sin razonamiento, sólo para ocultar el error que había cometido y que casi le cuesta el puesto.

Cuando Thalía se marchó de la sala de juntas, todos nos quedamos para saber qué había sucedido y esperar la consiguiente llamada de atención de nuestra vicepresidenta, Sue Yein Butcher. Yo estaba tranquilo, aunque no quería estar en los zapatos de mi colega. Mientras tanto, sólo podía imaginar lo que había sucedido, qué originó ese gran problema que ya había explotado; en esos momentos sólo guardaba silencio. Y cuando llegó mi turno para pasar al banquillo de los acusados fui directo. Esas páginas no habían pasado por el área editorial porque Thalía aún no había enviado la entrevista para su transcripción, el texto era ficticio, para acabar pronto, recalqué que yo no había visto las páginas ni las imágenes, hasta ese momento de la reunión.

Thalía debía aprobar fotos, diseño, entre otras cosas, y para eso estaba ese día ahí entre nosotros.

Grande fue la sorpresa y el susto cuando supe que el *photo shoot* con Thalía y Chayanne, en un exclusivo hotel de Manhattan, estaba todo para la basura. Las fotografías, fuera de foco; las que estaban nítidas, habían capturado a los cantantes y amigos con los ojos cerrados o muecas espantosas. La sesión fotográfica fue un horror.

Una de las asistentes de la editora de Moda me confesó, como un secreto muy delicado, que para aquella ocasión se había contratado a un *freelance* como fotógrafo, un principiante o aspirante al oficio, pues el que originalmente estaba designado canceló de improviso. Entonces buscaron a última hora un sustituto y ese error armó el escándalo en el piso tres de Park Avenue. Cuando se escucharon los gritos, los que ya no teníamos vela en el entierro, salimos corriendo.

Al final, de entre decenas de imágenes sólo cuatro pudimos rescatar. De las seis páginas destinadas a la entrevista de Thalía y Chayanne, nos vimos obligados a dejarla en cuatro, dos las cubrimos con fotos de archivo de algunos de los momentos más emblemáticos del cantante boricua y dos más con pequeñas fotos de ambos artistas, todo bajo un diseño que evocaba a esas viejas cintas de los negativos fotográficos para aminorar pequeñas imperfecciones. Al final, publicamos a Thalía con los ojos cerrados, pero con una sonrisa perfecta, y a Chayanne la papada se le arregló con *photoshop.*

Puedo asegurarles que ninguno de los lectores notó el error, al final la edición número 3 de *Thalía, la revista* salió a la venta y fue todo un éxito en el verano del 2004.

Felices porque la tormenta se había disipado, todos en la redacción gozamos de una aparente calma antes de que otro escándalo cimbrara el piso tres de American Media.

Un mes antes de que iniciara ese verano, realizamos sesiones fotográficas maratónicas con la cantante. La idea era tener el mayor número posible de imágenes de archivo a fin de elaborar varias secciones o simplemente para estar protegidos ante cualquier caso como el que ya nos había ocurrido con Chayanne.

El editor de Moda tuvo que echar mano del mejor de sus talentos para conseguir ropa exclusiva para múltiples *photo shoots*. Fue fácil conseguirla, según me contó, ninguna marca se rehusó a participar. Fue así como teníamos prendas de Dolce and Gabanna, Prada, Carolina Herrera, Vera Wang y Roberto Cavalli, estos últimos, íntimos amigos de la cantante.

Thalía era un imán para las marcas, el área de Moda y Estilo estaba abarrotada de una gran cantidad de cajas y bolsas que contenían todo tipo de carteras, accesorios, joyas, productos de belleza y prendas de vestir de lujo y de firmas emergentes que buscaban ser mencionadas en la revista de Thalía. El éxito tuvo efecto desde antes del lanzamiento de la primera edición, en mayo del 2004.

Llegó el otoño, y con él, el ocre, dorado y rojo chispeante del Central Park, el cual contemplamos con agrado al llegar al Hotel Plaza en la 5a. Avenida, para disfrutar de un *brunch*, donde Sue Yein Butcher y yo nos reuniríamos con Thalía. El lugar lo había elegido la estrella, le encantaba ese sitio y la atención con la que era recibida. Algunos de los meseros, siempre rendidos ante ella, estaban pendientes del más mínimo detalle. Thalía bebía café en una taza blanca de porcelana francesa con filos dorados, cubiertos de plata esperaban a cuatro comensales, y al centro de la mesa, un discreto arreglo floral. Música de piano al fondo. Momento romántico sin ser la ocasión. Quienes conocen El Plaza sabrán de lo que hablo.

Thalía nos citó para hablar de su revista, le interesaban las estrategias y el rumbo que llevaría. Deseaba una mayor promoción por parte de la editorial y el interés específico de alcanzar otros países, además de México. Quería que la revista circulara hasta Argentina, donde sus fans se cuentan por miles. Se habló de las recientes sesiones fotográficas y de las próximas portadas que venían. Salimos de ahí felices tras brindar con mimosas y el moscato, las bebidas preferidas de mis jefas.

Regresamos a la redacción cerca de las 2 de la tarde, mientras leía mis correos y autorizaba algunas páginas finales, entró una llamada para una reunión inmediata. El señor David Pecker, nos anunciaba una mala noticia, la revista de Thalía quedaba cancelada.

"¿Por qué?" lancé de inmediato la pregunta.

La respuesta que dio míster Pecker —siempre me refería a él con ese término— fue como la que dan los grandes hombres de negocios: te convence y te hace creer que todo está perfecto, que es mejor para el bien de todos y que no quiere poner en riesgo el trabajo del equipo; nos prometía que nadie perdería su empleo y que el equipo sería reasignado a otras revistas.

Diplomáticamente, míster Pecker, nunca reveló las verdaderas causas.

Yo seguí trabajando en la editorial, al frente de otras publicaciones, por casi cuatro años más hasta que renuncié. No me fui de American Media sin conocer los verdaderos motivos del cierre de la revista *Thalía*.

Me enteré que hubo dos contratos de por medio. El primero, que serviría de prueba piloto con los derechos de American Media para utilizar el nombre de la estrella y lanzar las publicaciones. El segundo estipulaba que después de explorar lo redituable que podría ser como negocio se sentarían nuevamente a la mesa para formalizar un contrato prolongado y con muchos ceros de por medio.

No hubo persona en el equipo que no se sorprendiera al enterarse de que Tommy Mottola exigió una cifra que rondaba los 10 millones de dólares para ceder los derechos y la imagen de su esposa a la editorial American Media, más un porcentaje de las ventas por el número total de revistas vendidas. Una locura. Se negoció con Mottola y Thalía durante un par de meses más desde el anuncio de la cancelación de la revista, pero nunca se llegó a un acuerdo. Después trascendió que editorial Televisa, en México, estaba interesada en relanzar el mismo proyecto, pero nunca se concretó.

Durante algún tiempo volvimos a coincidir con Thalía en algunos eventos en Nueva York, nos decía que extrañaba su revista. Mi jefa y yo le decíamos que nosotros también.

Pasó poco más de un año, era diciembre del 2005 y alguien dio la orden de tirar todo el archivo que teníamos de la revista *Thalía*. Eso incluía deshacerse de las carpetas, papeles, las prendas, accesorios, archivos fotográficos y todo lo que tuviera que ver con el proyecto abruptamente clausurado. Accesorios, prendas de vestir, carteras y demás utilería que llegó como cortesía para su promoción, se puso a la venta con precios que eran más una aportación simbólica que el precio real. Algo que usualmente hacen todas las revistas de Moda y Estilo en Estados Unidos. Así fue como mis compañeras pudieron hacerse de los arreglos navideños por un módico precio. El dinero reunido se destinó a una fundación que ya no recuerdo cuál fue. Pero había algo que tenía mucho más valor, al menos para mí. Eran todos los *photo shoots* que realizamos con extravagantes cambios de ropa y look pocas veces vistos de la artista. Esas fotografías serían utilizadas para las portadas de casi un año. La revista era mensual, así que teníamos material de sobra con cambios camaleónicos como a Thalía le gustaba. Envuelta en llamativos vestidos y luciendo los mejores accesorios y joyas. Todo un tesoro para coleccionar. Algunas de las imágenes ya estaban impresas, pero decenas de fotografías que habían costado miles de dólares, desaparecieron. No pude rescatar ninguna. Llegué demasiado tarde a esa limpieza de oficinas y, por mucho tiempo, lo lamenté.

Había también un archivo con las imágenes en una computadora, pero todos negaron saber quién se había apoderado de uno de los mejores y más costosos archivos fotográficos de la estrella mexicana.

La boda fúnebre

La muerte de Yolanda Miranda Mange, mamá de Thalía, fue el segundo momento más amargo en la vida de la familia Sodi Miranda (después del secuestro de Laura y Ernestina). La empresaria mexicana —de origen francés— fue pieza clave en la carrera de la menor de sus 5 hijas, primero porque la adoraba y luego porque era inteligente y visionaria.

Pero la protagonista de esta historia no es Thalía, sino su hermana Ernestina —mejor conocida como "Titi"— (escritora y ex suegra de Diego Luna), quien ese día de duelo decidió, ¿por qué no?, contraer matrimonio y jurarse amor eterno con su galán frente al féretro de su madre.

La situación era tan macabra, tan siniestra, que ni los editores de los medios más importantes daban crédito. Hubo periódicos y revistas que publicaron la nota, pero —por ejemplo— la cadena CNN en español (donde trabajó René y yo colaboro con alegría cada cierto tiempo), prohibió su difusión porque estaban convencidos de que era un simple chisme, datos sacados de la manga o *fake news*.

Conocí a Yolanda Miranda cuando Thalía renunció al grupo Timbiriche para despegar como actriz y cantante solista. Era tan ocurrente que me propuso ser mánager de su hija, lo cual agradecí muchísimo pero, evidentemente, yo no era la persona indicada para esa tarea. Entre otras cosas, porque yo era una escuincla reportera de la revista *TvyNovelas* muy entusiasta, pero sin experiencia (y el entusiasmo no alcanza para ciertas cosas) ¿Se imaginan yo de "manager" a los 22 años? Qué susto. O, ¿me habré equivocado? Nunca lo sabremos.

De cualquier forma, trabajamos juntas para conseguir las primeras portadas de "Thali" en las revistas nacionales y para armar un gran plan de promoción de cara al lanzamiento de su primer disco.

Fuimos amigas en la salud y en la enfermedad, porque lo mismo nos íbamos a comer carnitas al "Arroyo", que me cuidaba en el hospital, como cuando me quitaron el apéndice. Pero luego dejamos de vernos y un mal día del 2011 murió, justo cuando regresaba de visitar a su niña consentida en Nueva York.

Les llamó a algunos amigos y, tal vez presintiendo el final de sus días, les dijo cuánto los quería. Lo que Yolanda nunca imaginó es que sería testigo, "de cuerpo presente", en la segunda boda de la "Titi".

La boda estaba planeada y vendida (según soltó Laura Zapata) a una revista de sociales para un día después, sólo que, en lugar del Colegio de las Vizcaínas —en el Centro Histórico— tuvo como escenario la mejor capilla de una funeraria ultramoderna en la salida a la carretera libre a Toluca. Es que por caprichos del destino, la muerte de Yolanda coincidió en fecha con la boda de Ernestina

Les digo que es una historia increíble. Aunque Ernestina declaró que quería darle el último adiós a su madre y que estuviera presente en un momento donde la tristeza y la felicidad deberían estar unidas (eso dijo), fue duramente criticada porque sus detractores no podían entender que, en medio de la tragedia, decidiera matar varios pájaros de un tiro: aprovechar que la familia estaba reunida por primera vez en muchos años, asegurar la "exclusiva" y, de paso, sacarle jugo al mariachi que ya estaba contratado para despedir a la señora Miranda.

No pude acudir al velorio, pero... confieso... (ante Dios Todopoderoso) que le pedí a una amiga en común que por favor me diera santo y seña. Para no perder detalle, pues. Según mi corresponsal, los asistentes al segundo día se quedaron fríos cuando les pidieron que abandonaran un rato la sala, para dar paso a un evento "restringido y estrictamente familiar".

Más tarde se enteraron de que ¡hubo boda! (¿qué? ¿cómo?) y que la ceremonia de Ernestina y el político Mauricio Camps terminó con un sentido "los declaro marido y mujer... y que su madre, descanse en paz".

Conforme pasaron las horas y algunos invitados contaron lo que pasó, se pudo confirmar oficialmente la boda. Y aunque pocos fotógrafos pudieron captarla, hay imágenes de la camioneta nupcial con un improvisado moño blanco y un cordón de latas colgado que salió del estacionamiento de la funeraria. Sólo le faltaba el letrerito de "¡Vivan los novios!", como en las películas. Ahí fue cuando pudimos decir —ponle restregar— "ves, te lo dije" a los jefes de información.

Los restos de Yolanda Miranda fueron trasladados a Nueva York, y la polémica pareja tuvo un final feliz temporal: dos años después se divorciaron.

Lo último que supe de Ernestina es que su vida seguía ligada a los funerales y que emprendió un negocio de entierros ecológicos y biodegradables.

El *brochure* muestra que, en lugar de caja, te velan en una canasta de fibras naturales —las hay en diferentes tamaños y tejidos— y después te incineran con todo y todo, así te aseguras de tener un tránsito más orgánico hacia la otra dimensión.

Está rarísimo, pero es verdad; aunque si lo buscas en internet no te arroja resultados. Es que los reporteros de la vieja guardia manejamos otras fuentes.

La seducción de Antonio Banderas

Cuando quise contar esta historia de Antonio Banderas, el medio para el que trabajaba no era el indicado. Se trataba de una anécdota interesante, pero no para el perfil de la revista de aquel entonces. Y la guardé en el cajón de los recuerdos.

Nueva York fue el escenario para mi encuentro con el actor español. Recibí la invitación de la agencia que lo representaba para realizar una entrevista. No se trataba de su último proyecto cinematográfico, sino del lanzamiento de su nueva fragancia. No me importó. Confirmé mi asistencia. Estaba pactada para las 5 de la tarde en el Instituto Cervantes, ubicado en el 211 Est de la 49 Street, en Midtown; diario pasaba por ahí, vivía muy cerca del lugar, así que tras la entrevista avisé que no regresaría a la oficina. La noticia de que entrevistaría a Banderas llegó a los oídos de una de las editoras, quien no perdió la oportunidad de pedirme que la dejara acompañarme, que el sueño de su vida era conocer a Antonio Banderas y me prometía no interrumpir. Mi compañera era una señora de setenta y tantos años. No me pude negar. Emprendimos la travesía desde One Park Avenue, abordamos el subterráneo exactamente en la 33 Street hacia Uptown. Bajamos en la estación 51 Street. Caminamos sobre Lexington Avenue y bajamos dos calles hasta la 49. Llegamos puntuales, pero tuvimos que esperar más de 30 minutos hasta nuestro turno. Al actor le habían asignado una agenda maratónica con diferentes medios. Me encontré con algunos colegas como Gelena Solano, la corresponsal de *El gordo y La flaca* de Univisión. Presenté a mi compañera de trabajo con Gelena. Mientras esperábamos nuestro correspondiente turno hablábamos de muchos temas y los eventos que estaban por suceder. Para mi compañera, no era usual salir a los eventos, el trabajo de ella era más de oficina, pero estaba encantada con todo lo que veía. No pude evitar que fuera tan efusiva en su intención de dar a conocer lo que sabía de Antonio Banderas. La dejé ejercer, sin reproche alguno, su papel de *grupie*.

Llegó el turno de Gelena. Cuando salió de su entrevista, le dijo a mi editora, con el entusiasmo que imprime en todas sus charlas y que suele ser su distintivo, en lo público y en lo privado, que "Banderas estaba chulísimo. Más chulo que nunca. Se lo comería a besos cuando lo viera y olía riquísimo", todo esto lo decía en fracción de segundos, al tiempo que esparcía al aire y alrededor de nosotros el nuevo perfume del actor malagueño. Mi compañera de trabajo reía, le brillaban los ojos y más se entusiasmaba. Yo observaba cómo movía sus manos y las entrelazaba a gran velocidad, como una colegiala. Anunciaron mi turno y llegamos hasta uno de los salones del Centro Cervantes. Ya frente al actor, con un apretón de manos me dio la bienvenida y mientras agradecía mi presencia desvió su mirada a la persona que se había quedado discretamente relegada detrás de mí. Estaba a punto de presentarla cuando ella se me adelantó. Se presentó con su nombre.

—Soy Ada.

—Mucho gusto—, le dijo el actor, quien la saludó muy cordialmente con dos besos al más puro estilo español.

Yo observé cómo ella se ruborizó con el encuentro. El actor nos ofreció tomar asiento, frente a él sólo había un sillón individual. Pero Ada se ubicó a casi un metro de distancia de nosotros, era la silla más cercana.

Entonces comencé mi charla con Banderas. Desde el primer momento, el actor me mostró orgulloso su perfume, era el lanzamiento de la fragancia *The Secret*. Un pequeño frasco negrísimo que tenía al centro una lámina engarzada en color plata que se asemejaba a una cerradura de puerta. El recipiente decía "Antonio Banderas" y abajo, *The Secret*. El nombre era sugerente, tan sugerente que así inició mi entrevista.

—¿Cuántos secretos tiene Antonio Banderas?

—Algunos… o muchos tal vez—, respondió con una gran sonrisa.

—Cuéntame alguno.

—No, dejarían de ser secretos—, y nuevamente reía.

—Hablemos del perfume—, le dije.

Obvio, era el tema que más le interesaba, aunque después hablamos de los proyectos cinematográficos que estaban por venir. Hacía años que Antonio Banderas había incursionado en el mundo de las fragancias. La primera vez lo hizo en 1997. Me contó con detalles, aunque brevemente. Hizo énfasis en los primeros perfumes bajo su nombre, todos con la misma empresa, así surgió el primero de ellos, *Diávolo*. Fue interesante saber que el actor supervisaba y elegía las esencias que daban el aroma a cada una de sus lociones. Hasta ese momento, 2010, llevaba siete fragancias para hombre y mujer. Mientras el actor me contaba y me miraba de frente, había algo que lo distraía. Noté que su mirada se desviaba con cierta frecuencia. Ban-

143

deras aprovechaba el momento de mi siguiente pregunta para ver a mi editora, sentada a mi derecha; ambos intercambiaban sonrisas breves, luego el actor volvía sus ojos hacia mí, sin perder el hilo de nuestra charla. Respondía a mis preguntas, bromeaba, reía... ¡reía mucho!, estaba de muy buen humor. Mientras recuerdo esta historia, llega a mi mente una anécdota, que curiosamente contrasta con lo que aquí describo. Esta historia la vivió mi querida Martha Figueroa en una conferencia de prensa, precisamente con Antonio Banderas, quien estaba en la capital mexicana de promoción para alguno de sus proyectos cinematográficos.

Martha estaba ahí con la cámara y micrófono de *Ventaneando*, recién llegada de Buenos Aires, luego de estar en algún evento con su adorado Luis Miguel. En ese Buenos Aires querido le llamaron la atención varios anuncios del actor español en carteles y televisión. Los comerciales eran de cigarros y jamones ibéricos. Frente a toda la prensa reunida en algún lugar de la Ciudad de México, con ese estilo único, le soltó la pregunta: "Antonio, ¿qué se siente anunciar jamones?" Obvio, algunas risillas se escucharon en esa sala concurrida. Al chico, ahora señor almodovariano, no le agradó la pregunta y no disimuló su enfado.

Martha aún sigue sin entender por qué se ofendió tanto. Afortunadamente conmigo eso no pasó, yo viví en Manhattan todo lo contrario, nunca había visto tan de buen humor al protagonista de *El Zorro*. Se supone que sólo hablaría del lanzamiento de su nueva y seductora fragancia, como él la describía. Pero también abordamos el trabajo reciente que había realizado con Almodóvar, *La piel que habito*; parecía que no había límites, pero cuando la charla se ponía mejor y comenzaba a contar, sin pudor, algunas de sus tácticas de seducción, la siempre inoportuna presencia facinerosa de su *entourage* —el círculo que rodea a los famosos—, dijo hasta aquí y puso fin a nuestra conversación en medio del olor agradable, pero intenso, que Banderas desprendía.

—Señor, ¡qué bien huele! —confieso que lo dije en tono adulatorio, con la esperanza de que mandara al diablo a la mujer que llegó a interrumpirnos y así continuar con la entrevistar y arrancarle un titular de portada.

Pero no tuve éxito, él respondió a lo que fue mi última pregunta: "Recuérdalo, se llama *The Secret*, el perfume perfecto para seducir", me dijo como punto final. Apagué mi grabadora y me puse de pie, entonces mi editora se aproximó y felicito efusivamente al actor, le dijo que lo admiraba muchísimo. Él agradeció su gesto con dos besos, también efusivos. Ella salió apresurada mientras yo caminaba al lado del actor a quien conducían a otro lugar; antes de despedirme, en voz baja, Banderas me preguntó:

—René… y tu mamá… ¿siempre te acompaña a las entrevistas?

Lo miré sorprendido, y cuando estaba a punto de hacer la aclaración, cambié de idea. Todo en fracción de segundos.

—Sí, siempre va conmigo. Siempre me acompaña.

El actor volvió a sonreír y me despidió con un apretón de manos, una palmada en la espalda y un "gracias por venir".

Antonio Banderas se quedó con la idea de que Ada, mi compañera de trabajo, ¡era mi mamá!

Las fotos de Iñárritu

Era una tarde normal de finales del 2019, yo salía de trabajar cuando me quedé de piedra en pleno pasillo de Televisa San Angel. Pensé que había sufrido una alucinación —cinematográfica—, pero no. Estaban parados frente a mí ¡8 Oscares! Alejandro González Iñárritu, Emmanuel "El Chivo" Lubezki y Emilio Azcárraga Jean (que es mi patrón y lo conozco perfecto, pero también impresiona). Deben saber que, aunque soy periodista veterana, tengo esa fanática cinéfila dentro de mí que se emociona cuando ve a los grandes.

Iba a saludar al trío, pero decidí que no. Primero porque iba en unas fachas inmundas (de ésas que vas rogando a cada paso no toparte con alguien) y luego porque atrás de Iñárritu había un señor que decía "no fotos, por favor, no fotos". Yo no quería foto, sólo quería saludar y que me saludaran. ¿Para qué? Nomás, por convivir. Como el día que saludé a Tom Cruise en la premier de la película *Misión imposible*. Le dije "¡Hi!", me contestó "Hello"… ¡y me quedé tan contenta! Hay días que me emociono con el mínimo detalle que me manda la vida.

Pues Emilio y sus amigos estaban en una visita de *scouting* para filmar una serie sobre la Conquista y Hernán Cortés. Ya sé, ya sé ¿otra serie sobre Cortés? ¡Me quiero matar!

El caso es que cuando entraron a los foros, las conductoras que estaban al aire, los técnicos y todo el mundo se alborotó. Y justo cuando se iban a abalanzar sobre los visitantes, aparecía "Mr. *No photo please*" y los paraba en seco.

El anti social 100 por ciento era "El Negro" G. Iñárritu, porque Lubezki se portó amable dentro de su —muy cantada— timidez ("es que soy muy tímido, soy muy tímido, yo sólo estoy detrás de cámaras", dice) y Emilio se tomó todas las fotos que el director multipremiado no quiso.

Ahí fue cuando me entró lo justiciera y me dije "tienes que contarle al mundo —aunque sea al público de tu programa *Con permiso*—, lo que acabas de ver".

Tenía planeado hacer una crónica preciosa, súper completa sobre la visita y los desaires del director de *Amores perros*, pero no pude porque, básicamente, pensé que me iban a correr por meterme con los invitados del Jefe.

Y también porque está muy mal visto que critiques a los triunfadores. Creen que lo haces por envidia y te dicen que tú nunca podrás ganar los mismos premios que él y bla bla bla. Sí, tienen toda la razón: yo nunca me voy a ganar un Oscar, ni una Palma de Oro ni medio Bafta. Eso no impide que pueda adivinar la psique de las personas. Dicho en cristiano: yo sé muy bien quien trae el alma torcida.

Sí, lectores y lectoras, el cinco veces ganador de la estatuilla —Alejandro González Iñárritu— tiene serios problemas de inseguridad física. He dicho.

Con toda su guapura y su 1.80 de estatura, se pone muy mal si no sale bien en las fotos. ¡Neta!

Después de una investigación entre sus cercanos, descubrí que evita las fotografías casuales porque no le gusta cómo se ve (sin el

ángulo correcto, sin iluminación, etcétera) y como no puede controlar todos los celulares y editar cada foto que le toman los desconoci-
dos y/o conocidos, mejor huye.

Cuentan que hasta en las vacaciones y entre amigos se cuida.

—A ver la foto… No, bórrala compadre. Salgo feo.

Revisa y borra, revisa y borra, revisa y borra, revisa y borra, revisa y borra.

Si yo fuera González Iñárritu con esa estatura, esa voz, esa melena volando al viento y esos dólares en la cuenta bancaria, me tomaría
fotos todo el santo día, hasta con los perros callejeros.

Pero no hay que juzgar tan a la ligera. Es un claro ejemplo de que
siempre tenemos una imagen diferente de nosotros, de la que tienen
los demás. Y que la autoestima a veces es una h…d…p… que boico-
tea parejo.

Así que si ustedes tienen alguna foto con "El Negro", guárdenla o
véndanla en algún apuro: vale oro.

En la sangrienta Tijuana con "El Buki"

Eran las 11 de la noche cuando llegué al concierto de Marco Antonio Solís. En ese entonces aún existía el famoso Toreo de Tijuana. Ahí comenzó una noche de terror, oculta bajo la fama de los cantantes de moda.

Estaba ahí para trabajar. Había pactado una entrevista con "El Buki" para la revisa ¡Mira! —a través de los representantes de la disquera en Los Ángeles—, antes o después del concierto, me daba igual, con tal de tenerla. No es habitual que esto ocurra. A la mayoría de los cantantes no les gusta la prensa antes, ni después de un *show*, en plazas como la que yo me encontraba. Salvo cuando hay un acuerdo. Yo lo tenía, pero no se cumplió.

El Toreo de Tijuana del que hablo ya no existe. Ahora hay algunos edificios de oficinas, me parece. Ese lugar era el favorito de muchos promotores para realizar todo tipo de eventos. Los musicales eran los favoritos. Esa noche estaba abarrotado por algunos cantantes del momento, "El Buki" era la estrella de la velada. Esa presentación contó con la logística de la estación de radio *La Mejor*, de aquella ciudad fronteriza. No sé cuantos cientos o miles de personas había.

No lo recuerdo. Sólo quedaron en mi memoria algunos momentos. Como aquel en el que Marco Antonio Solís irrumpió en el escenario:

"...Quiero decirte, esta noche sin vacilación, que ya no aguanto, lo que traigo aquí en mi corazón... Me gustas tanto me enloqueces... Y no lo puedo ya ocultar, en todos lados te apareces, como ilusión en mi mirar... Ay no mássss...."

Gritos de euforia se dispararon al ver al cantante y a las seis jóvenes que le acompañaban. Muy guapas y entalladas en un ajustado vestido blanco y de provocativo escote. Todas igualitas. Vestido, cabello y de una sensualidad magnética. Se contoneaban de manera sincronizada al ritmo del sugerente ritmo musical. La gente cantaba y arrastraba su júbilo más allá de un escenario inofensivo. Yo estaba en la misma tarima que "El Buki", atrás de las grandes columnas que sostenía el potente equipo de luces y bocinas. A escasos metros del cantante. El lugar estratégico para apreciar el espectáculo. No estaba solo. Me acompañaba la publicista de Disa de ese entonces, Krishna de León, una de las programadoras de la estación de radio *La Mejor*, de Tijuana, así como varios de los promotores de ese concierto.

Y fue alguien cercano a ese equipo quien ocasionó que poco antes de concluir la presentación de Marco Antonio Solís, interrumpieran el show intempestivamente, por el surgimiento de un pleito y las amenazas con armas de fuego. No hubo disparos, pero poco faltó. Bajaron al cantante a toda prisa. El pánico se apoderó del lugar. La gente corría. Por un momento pensé lo peor. Por mi mente pasaron varios de los asesinatos en torno a los cantantes gruperos. El de Sergio Gómez, vocalista de K—Paz de la Sierra; Valentín Elizalde, Sergio Vega, "El Shaka" y las amenazas de muerte que había para muchos otros cantantes de ese grupo específico. La misma Jenni Rivera o Los Tucanes de Tijuana. En algún momento a todos los conocí y conversé con ellos.

No era, ni soy, especialista en este tipo de música, pero como periodista, uno termina por convertirse en aprendiz de todo. Pero les contaba que fueron varios los momentos que yo recordaba. Además del clímax musical del intérprete de "Si no te hubieras ido", también fueron intensos los momentos de trifulca y el sálvese quien pueda. Corrí acompañado de un grupo sin saber exactamente quiénes eran y a dónde iban, pero en esos instantes de miedo, ¡qué importaba! Abordamos una camioneta junto a un grupo de personas que yo no conocía, pero la ex publicista de Disa, sí. Así que no me preocupé. Salimos presurosos, sin recordar que yo tenía una entrevista. ¡Al diablo la entrevista! En medio del pleito y las pistolas en mano, todo lo olvidé. En ese momento lo que más me importaba era salir de ese lugar con mi compañera, a como diera lugar.

Así pues, estábamos dentro de la camioneta Suburban color gris rata, con vidrios polarizados y sin saber, insisto, con quiénes íbamos. El que conducía y dos personas más, quienes intercambiaban mentadas de madre. Se respiraba pura tensión. Yo interrumpí con timidez la conversación del chofer y el copiloto, que por su acento supe que eran de esa zona de Baja California. El acento típico del Norte los delataba. Como a mí también me delataba un acento que era todo, menos tijuanense.

Pues a ellos les pedí por favor si nos podían llevar a nuestro hotel o dejarnos en algún lugar céntrico. Habíamos hecho una reservación en el Gran Hotel de Tijuana, un hotel cercano a la zona residencial Chapultepec. Nadie respondió, pero todo se veía bien hasta que, sin conocer esa ciudad urbanamente complicada, vi que tomaron otra ruta. Por sentido común, noté que cada vez nos alejábamos más. No quise volver a preguntar. Ellos tomaron la iniciativa y antes de que alguien dijera algo, justificaron la ruta. "Vamos a llevar a su casa a una de las chicas que nos acompañan."

Estábamos muy lejos de la ciudad. Fue una larga espera frente a una misteriosa casa entre colinas. Para entonces ya eran las 2 de la madrugada. Una de las chicas "a bordo" pidió que nos bajáramos, nos invitaban a pasar. Yo me negué discretamente y la ex publicista de cantantes gruperos y de cumbia dijo lo mismo. Nos pidió esperar y que en un momento nos llevarían al hotel. El tiempo pasaba y eso no sucedía. No está demás decir que en ese momento me hubiera gustado que existiera Uber para salir huyendo del sitio. Al final nuestros ruegos fueron escuchados y esa misma gente nos trasladó al hotel. Ya en mi habitación, el teléfono sonó e interrumpió mi sueño. Eran las mismas personas que nos llevaron. Ahí mi sueño se dañó. Me alarmó que supieran exactamente cuál era mi habitación. Me dirigí al cuarto de Krishna de León. La desperté con una pregunta: ¿Qué está pasando? Me sentía acosado y no sabía ni por qué.

Llegaron aquellos hombres que, sin esconder sus armas entre sus ajustados pantalones, se aparecieron en los pasillos. Entraron a la habitación de ella y comenzó el interrogatorio. ¿Quiénes éramos? ¿A qué nos dedicábamos? Estas preguntas eran ridículas porque ya nos habíamos presentado desde que estábamos a bordo de su camioneta. Pero les respondí, intentando no demostrarles miedo. Saqué mi identificación de prensa y le dije que vivía en Los Ángeles, que estaba en Tijuana para una entrevista. No dije más. Nos pidieron que saliéramos y me obligaron a cambiar de habitación. Volví a imaginar lo peor.

Esa madrugada nunca la olvidaré. Pregunté por mi compañera. Nadie me dijo nada. Una hora después apareció en la misma habitación a la que me habían llevado. Ya no dormimos. Los hombres bebían cerveza en ese mismo cuarto. Nos ignoraban mientras hablaban de no sé qué cosas. Puras pendejadas seguramente. No les ponía atención. Después de unos 40 minutos se retiraron. Aprovechamos ese momento y abandonamos el hotel. Yo no regresé ni por mi ropa. Ya había amanecido. Tiempo después me enteré que una de las chicas de ese grupo, y promotora del concierto, sostenía una intensa relación amorosa con un hombre vinculado al narcotráfico. Entonces entendí muchas cosas. La trifulca, las armas, el misterio y la noche de terror grupero en la ciudad a la que muchos llaman la sangrienta Tijuana.

Una cena discreta con Amanda y Diego

Una tarde de primavera del 2001, recibí en mi oficina de Editorial Televisa, en Santa Fe, una invitación de parte de Amanda Miguel y Diego Verdaguer. Creí que se trataba de alguna conferencia y delegué la misma a mi coordinadora de información, Angelina Sánchez Vilchis, para que asignara a un fotógrafo y a un reportero para cubrir la conferencia de prensa.

Horas más tarde, una llamada a mi teléfono personal aclaró el interés especial de aquella invitación que había delegado.

No se trataba de ninguna conferencia ni rueda de prensa, tampoco era una entrevista. La invitación era personal y como sellan algunos eventos especiales, intransferible. Era para mí o nadie más. Me sorprendió tal distinción. Comprendí los detalles cuando Ricardo Soroa, su publicista en aquel tiempo, me explicó que a los cantantes les gustaría encontrarse conmigo. No sé por qué inmediatamente lo relacioné con algún reclamo, que estarían disgustados por algo que se había publicado en la revista.

Tenía escasos meses con el cargo de director de *TeleGuía* y durante ese tiempo había recibido todo tipo de exigencias y una que otra mentada de madre —en otro capítulo de este libro lo cuento con detalles— de los famosos, a quienes (cariñosamente) mi amiga Martha Figueroa y yo hemos llamado los "sentiditos", porque por todo se enojaban y con nada se les daba gusto.

En fin, les decía que, sobre la invitación de Amanda y Diego, no sé por qué tenía yo la idea de que no se trataba de algo bueno. Confieso que sentí "miedito". Me pude imaginar a solas con ellos y en seguida un rosario de reclamos, si bien me iba. Respondí a su publicista como en esas películas que despiertas de un sueño y tomas una decisión apresurada, que no podía y que muchas gracias por pensar en mí. Terminamos la llamada y me advirtió que volvería a llamar, para que lo pensara. Busqué a mi coordinadora y le pregunté por qué Amanda Miguel y Diego Verdaguer estaban molestos con *TeleGuía*, asumiendo y comprando una bronca que jamás había ocurrido. Nadie de mi equipo recordaba ningún incidente y les pedí buscarán en ediciones pasadas.

Más tarde me repitieron lo mismo, no habían encontrado nada, pero en caso de que estuvieran molestos era por algo que ocurrió antes de que yo estuviera al frente de la revista.

Me quedé con esa historia en mi cabeza y cuando el publicista de los cantantes volvió a llamarme para saber si lo había pensado, le volví a rechazar la invitación y le dije que les agradecía, pero no.

¡Qué lejos estaba de las verdaderas intenciones de Amanda y Diego!, porque no fue hasta que, por casualidad, me encontré en un evento con Ernesto Hernández Villegas, quien en ese tiempo era el editor de espectáculos de *El Universal*, y entre hablar de mil y un cosas, salió el tema de Amanda y Diego. Me dijo que Soroa, el publicista de los cantantes, le había invitado a una reunión con ellos, "tu estás invitado, también", me dijo. Esta respuesta me dejó con la duda y al día siguiente, camino a la oficina lo primero que hice fue llamar para confirmar mi asistencia. Pregunté al publicista por qué no me había aclarado de lo que se trataba.

—René, no es así, se trata de una reunión entre amigos, de una cena discreta.

Le conté que tenía miedo de aceptar la invitación porque tanto misterio me parecía sospechoso, él soltó una carcajada y dijo que tendría que contárselo a Diego y Amanda.

Llegó la noche del encuentro. Más tranquilo que temeroso, llegué con una botella de vino. Mi madre decía que nunca había que llegar con las manos vacías a ningún lado. Y en eso yo no fallaba.

Amanda y Diego nos abrieron las puertas de su casa en el bosque del Desierto de los Leones. Una casa de grandes dimensiones, iluminada desde el extenso jardín y, aunque era de noche, resaltaba la cúpula, característica de una casa construida con formas sencillas, a capricho y semejanza de la misma naturaleza de la que forma parte. Digamos que es una construcción de confort orgánico, que me recordó, por algunas de sus interminables curvas, el estilo de la arquitecta Zaha Hadid.

Cuando entré, ya estaba en la sala principal Ernesto Hernández Villegas, alguien más del selecto grupo de invitados había cancelado a última hora, así que el encuentro se redujo.

Del saludo pasamos a las risas que les había causado a Amanda y Diego mi argumento de que yo tenía miedo de verlos por aquello de algún reclamo, esa circunstancia fue una de las bromas recurrentes durante la noche. Después nos instalamos en el comedor para una cena que, Amanda nos dijo, fue preparada por ella.

Cenamos en un comedor de cristal y con una vajilla espléndidamente elegida, tonos azules, blancos, servilletas que hacían juego con las copas y vasos de cristal con una espiral azul y cubiertos resplandecientes.

El entremés era de quesos, aceitunas, jamón serrano y hasta un guacamole, después llegó el turno de una ensalada verde con aderezos al gusto, y de ahí a una exquisita pasta de tallarines alfredo, pescado y pollo al horno, el postre era variado, tartaletas, pastel, café y licores como digestivo. Había de todo.

Amanda y Diego se habían esmerado muchísimo en sus atenciones. Amanda me invitaba a probar un bocadillo más y entre risas me aseguraba que no tenía cianuro. Toda la noche me echaron "carrilla". Además de ser muy divertidos, se ganaron para mí, desde ese momento, el título de los mejores anfitriones. A la fecha, sólo conozco una persona que les arrebataría el primer lugar, mi amigo, el arquitecto Juan José Espiñeira.

Llegó el momento de los digestivos y la charla dio un giro hacia muchos temas. Amanda nos contó cómo habían elegido ese lugar para vivir, después de haber perdido su casa en un incendio y lo difícil que fue empezar a construir un nuevo hogar desde las cenizas.

Me dijeron que el lugar donde yo estaba sentado era el preferido de Lola Beltrán y justo al lado, el de Juan Gabriel, quien se enamoró de la casa en medio del bosque y de las grandes puertas de madera talladas a mano y grabadas con imágenes de ángeles alados que decoraban el centro o las esquinas, incluso el portón principal de la entrada era de ese estilo. Pero lo que más admiraba el Divo de Juárez era el inmenso jardín perfectamente cuidado, rodeado de algunas plantas exóticas, rosales y el olor a pino que desprendían esas coníferas que rodeaban la casa, algunos de esos pinos plantados por los cantantes.

El lugar era realmente hermoso, me dijeron que durante el día, desde una de las cúpulas de la casa, había una vista preciosa de un bosque sin límites, el cual tenía el poder de la inspiración; y que en las noches podían admirarse las estrellas, que brillaban más que en ningún otro sitio. Por eso Juan Gabriel quería comprar esa casa, pero nunca pudo convencer a Diego y Amanda.

Después de un *tour* por la residencia, subimos a lo más alto de una torre convertida en un pequeño mirador, desde donde, por unos minutos, quedamos asombrados por el cielo más estrellado que yo recuerde, al bajar nos dirigimos al salón principal, espacioso, con relucientes pisos de madera, un sofá blanco mullido y un par más de sillones a juego en color chocolate. Algunos objetos de decoración que seguramente Amanda habría comprado en Pottery Barn, en Los Ángeles, una de sus tiendas favoritas.

Amanda interrumpió para preguntarme qué quería escuchar, al tiempo que se sentaba en el banco frente al piano. Jugueteaba con sus dedos, que arrancaban algunas primeras notas sin aún definir lo que tocaría.

Diego tarareaba algo al compás de esa fuga de acordes que Amanda comenzaba a liberar con gracia. Yo no pude evitarlo y pedí mi canción favorita. Alcé la voz antes que nadie: "Las pequeñas cosas." Y comenzó así una de las noches con algunos de los más gratos recuerdos que tengo en mi memoria.

"Me levanto de la cama tarde, que alegría, otro día nace. Y es insolente el Sol. Se mete en cada rincón. Hoy no sonó el reloj, gracias por ese favor…"

Todos cantábamos en un tono muy bajito, porque era un crimen no dejar que la voz de Amanda se escuchara en todo su esplendor cuando siguió con "Así no te amarán jamás", "Mi buen corazón", "Castillos", entre otros de sus éxitos.

Después, Diego entró a escena y también entonó algunas de sus canciones favoritas, pero la bohemia no podía terminar sin escuchar en su voz "La ladrona", "Volveré" y "El pasadiscos". Sé que me tildarán de *old fashion*, pero a estas alturas no puedo negar que todas esas canciones también forman parte del *sound track* de mi vida.

La noche no terminó sin que Amanda Miguel nos confiara que acababa de escribir una canción: "Piedra de afilar."

"Si tu amor es puñal ya verás que soy piedra de afilar, y con mi roce le doy ese filo mortal el que corta más, y si tu amor es puñal yo seré para ti…tu piedra de afilar." Al piano y en su voz sonaba estupenda, le pedí que me dejara comentar sobre eso, y todo lo que había ocurrido en aquella noche. Ella me pidió que no, no de momento, pero prometió que cuando tuviera terminado el disco, hablaríamos. Esa noche, encriptada en las palabras "una cena discreta", finalizó entrada la madrugada, nos despedimos con un gran abrazo y el agradecimiento por siempre.

"El Potrillo" en Japón

Este libro de las notas frustradas no estaría completo sin Alejandro Fernández, "El Potrillo".

En general, el mundo del entretenimiento no sería el mismo sin los Fernández: son los máximos exponentes de la música ranchera aquí y en Australia. Nadie los supera, son formidables.

Personalmente, le tengo amor/odio a "El Potrillo", porque es encantador o insoportable, o las dos cosas juntas, encantador e insoportable. Hace muchos años alguien me maltrató por un comentario que hice en televisión, y Alejandro fue uno de los pocos que me buscaron para ofrecer solidaridad y apoyo. Recuerdo que coincidimos en la Feria de Texcoco y me mandó llamar al camerino, con uno de sus asistentes, para cerciorarse —personalmente— de que estaba completa, darme un abrazo grande y preguntar si podía hacer algo por mí. Lo bueno fue que el detallazo nos unió mucho. Lo malo, que al próximo comentario que no le gustó tipo "se le veía un poco apretado el traje de charro", me aplicó la ley del hielo.

Luego me tocó cubrir un palenque —que es una maldita arma de dos filos, porque te diviertes un montón, pero te desvelas más— y cuando nos acercamos hasta el camerino para ver si nos daba una mini entrevista o una declaración (para no regresar con las manos vacías), escuchamos cómo le decía a su asistente: "¡Mándalos a la chingada!" Nosotros, muy obedientes, nos fuimos. Directo y sin escalas.

Es difícil de explicar, pero los medios hemos desarrollado hacía Alejandro y su padre, Don Chente, una estima mágica —formada por admiración, cierto cariño y tantito miedo—, esto hace que cada vez que te llega a las manos información mala (o ponle no tan buena) sobre ellos, automáticamente la desechamos. Para que me entiendan, nadie se quiere aventar un tiro con esos figurones.

Básicamente, a Vicente Fernández lo que le disgusta —más que las malas notas— son los imitadores. Alucina a Gilberto Gless, a Julio Sabala, al "Papirrín" (Reynaldo Rossano) y a quien lo convierta en caricatura. Aunque todo mundo se parta de risa, a él le parece una burla y le hace cero gracia.

Al "Potrillo", hay un tema en particular que no le gusta: el alcohol. O sea, parece que sí le agrada tomarlo, pero le molesta que se publique o que le cuenten las copas (oigan, ¡tiene razón!).

Peeeeero, yo digo que está mal que los cantantes pierdan la vertical en pleno show. Por eso me emocioné cuando supe que don Vicente quería internar a Alejandro en un centro de rehabilitación en Japón —específicamente en Tokio— que le recomendó el empresario Jaime Camil.

Pues ni lenta ni perezosa puse manos a la obra para hacer un reportaje impresionante al respecto y así fue como encontré toda la información del Centro Médico Nacional Kurihama para Adicciones, con una técnica diferente y controvertida para que los pacientes abandonen el alcoholismo: beber para dejar de beber.

Tú llegas con los expertos japoneses y en lugar de torturarte con la abstinencia, te dejan tomar un poco hasta que reduces tus niveles de atasque. Según los especialistas, no es una terapia tan agresiva y evita mejor una recaída. Es un estudio muy completo que dura 3 semanas, durante las cuales te hacen una endoscopia para ver cómo tienes el esófago, te dan un tratamiento personalizado, ayuda psiquiátrica y entrenamiento especial.

Además, si el tiempo lo permite, puedes ir de campamento a unas cabañas cerca del Monte Fuji ("Mr. Fuji"), practicar senderismo, actividades al aire libre y preparar tu propia comida ¿no les parece un súper plus que además de rehabilitarte puedas aprender a hacer sushi? Yo digo, si la vida te da limones, haz limonada.

Creo que lo único complicado es el idioma, pero los nipones son tan gentiles que te ayudan, aunque sea con señas. Total, ¡ya me veía yo en Japón visitando al "Potri" y comprando kimonos!

La investigación iba muy avanzada, pero había algo que no me cuadraba, y era que obligaran a Alejandro a viajar al Oriente. Deja tú el viaje, que lo obliguen a lo que sea: "El Potrillo" es ingobernable y se manda solo.

Así que después de días de pesquisas, decidí dejar la historia por la paz y no publicarla. Lo único verdadero era el rumor del *détox* y surgió después de que lo bajaron de un avión por revoltoso y malacopa, en el verano de 2018.

Alejandro Fernández es uno de los mejores cantantes de habla hispana. Es más, siempre he dicho que es de los pocos hijos que han logrado superar —o ponle, igualar— lo hecho por su famoso padre (a nivel musical y económico).

Debo confesar que a veces siento un poco de celos porque —aunque soy la titular de espectáculos del programa *Hoy*— cuando "El Potrillo" tiene cosas qué anunciar, pide que sea Andrea Legarreta o Galilea Montijo quien lo entreviste. Cada vez que sucede, siento que me aplica la de "yo hablo con el dueño del circo, no con los payasos" (jajaja).

De lo que te pierdes "Potrillo", imagínate la de temas que podríamos desmenuzar tú y yo.

Lo que Jenni Rivera se llevó a la tumba

Jenni Rivera era demasiado manipulable. Se dejó convencer para lo bueno y para lo malo. Era una mujer con un corazón realmente noble, pero muy necia para muchas cosas. A sus amigos y a la familia los protegía demasiado. Esa sobreprotección también envenenó en algún momento sus relaciones de pareja. Muy pocas veces hizo a un lado su orgullo, que era parte de su explosiva personalidad. Así quedó demostrado con uno de sus ex esposos, Juan López, el padre de sus dos hijos menores, quien murió en la cárcel.

Y podríamos mencionar a varias personas más, familia y gente cercana a la cantante, como Yanalté Galván, quien por muchos años fue la publicista, amiga y confidente de Jenni Rivera, pero que un día no quiso volver a saber de ella. Voy más allá, con su hija, Chiquis Rivera. Siempre quedará la duda de si en verdad hubo una reconciliación entre madre e hija. Chiquis dice que sí, algunos de sus amigos le creen; otros más aseguran que nunca existió tal reconciliación. Aunque Chiquis asegura y repite que sí, como una especie de mantra para tranquilizar su conciencia, dicen.

Conociendo la personalidad de Jenni Rivera, ella tenía un talento especial —y no hablo sólo de su forma de interpretar—, digamos un "don" que tenía para influir o convencer a algunos reporteros y medios, a quienes, con tan solo una llamada sabía manipular para obtener ciertos favores. Claro, todo esto lo hacía cuando Jenni ya era famosa y muchos, por no decir todos, caían rendidos a su voluntad. Por eso creo que nunca se reconcilió con Chiquis, pues Jenni no lo habría callado, lo habría gritado a los cuatro vientos. Habría elaborado una estrategia de marketing, porque una noticia de ese tipo habría llenado de titulares todos los programas de televisión, revistas, redes sociales y periódicos dedicados al mundo del espectáculo.

Y sé que no lo hizo, porque 10 días antes del accidente de avión, Arturo Rivera, su publicista y una de las personas más cercanas a la cantante, me lo confió. Arturo, uno de mis mejores amigos, una amistad que en algún momento se vio afectada precisamente por Jenni. Lo profesional rebasó la amistad de más de 20 años hasta el día de su muerte. Pero fue precisamente la intensidad con la que manejaba su relación profesional con la Diva de la Banda, que un día, Arturo no quiso volver a saber de mí (ni yo de él). La manzana de la discordia fue la portada de la revista ¡*Mira!* del 10 de julio del 2010. "Jenni Rivera ¡En escándalo de narcotráfico!" Esa portada no sólo causó la furia de la cantante, sino que me valió todo tipo de insultos en lo privado y en lo público a través de su Twitter.

A petición de Jenni, Arturo quería detener la portada a como diera lugar. Era imposible, ya estaba autorizada por el área legal, y el *Chairman* de American Media, David Pecker, ya había dado su aprobación. Yo, en mi calidad de director editorial de la revista y de las publicaciones en español del corporativo, aunque hubiera querido detenerla, no podía. Quise explicarle a Arturo las razones, pero no volvió a tomar mi llamada. Tampoco yo insistí. Pasó el tiempo y justo dos semanas antes del fatal accidente, Arturo aceptó un encuentro conmigo para arreglar las desavenencias. Desayunamos en el hotel St. Regis de la Ciudad de México.

Hablamos de muchas cosas, pero en especial del motivo del distanciamiento, antes hicimos una especie de pacto. Que ningún asunto profesional podría volver a distanciarnos por mucho que pesaran los desacuerdos y los intereses de sus artistas o del medio que yo representara. Nuestra amistad era más que eso. Zanjado el tema y feliz por nuestro reencuentro fue inevitable hablar de los asuntos laborales.

Él representaba a Jenni Rivera y a muchos otros artistas. Yo ya no trabajaba para American Media en Nueva York, ahora estaba en CNN y vivía en Atlanta. Y de esa alegría pasamos de nuevo a las confidencias. En unas horas él se encontraría con Jenni Rivera. Justo durante nuestro desayuno, ella lo interrumpió telefónicamente varias ocasiones. Yo escuchaba como él explicaba la logística de su arribo a Televisa para la grabación de *La Voz México*, el programa en el que la cantante triunfaba. Yo seguía pidiendo una y otra taza de café. Y cuando finalizó una de las tantas interrupciones, me dio pie para preguntarle.

—¿La pelea con su hija Chiquis es cierto o pura publicidad?

Mi pregunta fue respondida con una advertencia.

—No lo puedes decir en televisión, ni en ningún lado *¿ok?* —, sentenció Arturo.

—No, cómo crees, pero no me digas nada mejor—, respondí.

—No, no hay problema—, dijo Arturo en un tono suave que rayaba en la disculpa contenida.

—El problema con Chiquis es real, están peleadas y Jenni está muy, pero muy dolida. No creo que la perdone...

Fue la respuesta contundente de Arturo, seguido del "ya conoces a Jenni".

Claro que conocía a Jenni, durante años seguí su carrera cuando no era famosa ni en Estados Unidos, ni en México. La entrevisté innumerables ocasiones y se enojó conmigo algunas veces, aunque luego se le olvidaba y todo seguía como si nada.

Aunque sí creo que nunca me perdonó la portada de *¡Mira!* que la hizo enfurecer.

Es curioso, realmente muy curioso… porque hubo un día en el que Jenni Rivera soñaba con salir en una portada de esa revista. Años después, la misma publicación que un día la hizo estallar de júbilo al aparecer, por primera vez, en portada, fue la misma revista a la que quería demandar.

Amenazas que vociferó a través de su Twitter (respaldadas por los miles de sus seguidores), pero sin validez alguna para ganar una demanda.

Por eso dio una gran exclusiva en el extinto programa *Escándalo TV* que transmitía Telefutura desde Estados Unidos, y frente a Charytín contó su versión del polémico titular que la vinculaba presuntamente con el narcotráfico.

Un tema que la persiguió hasta el día del accidente en el que ocho personas más perdieron la vida. Hasta el día de hoy, algunos creen que el crimen organizado o el narco tuvieron que ver en el accidente, aunque la versión oficial y de peritaje del vuelo siniestrado argumentó fallas de diversos tipos.

Lo cierto es que sólo 10 días antes de aquel fatídico 9 de diciembre del 2012, Arturo Rivera me reveló algo de lo que mucho se ha hablado. Que cada vez que Jenni se presentaba en algún escenario en México recibía algún tipo de amenaza. A ésas ya se habían acostumbrado y aprendieron a convivir con el miedo, que se olvidaba cuando la cantante abarrotaba las plazas en las que se presentaba.

Esa intranquilidad la vivían en cada concierto que tenían en México. Una de ellas ocurrió algunas semanas antes del siniestro que les arrebató la vida.

Pero lo que nunca he contado es lo que Arturo me confesó el día en que Jenni Rivera temió por su vida y no pudo dormir tras una presentación de la cantante en Mazatlán.

Jenni estuvo intranquila al igual que el grupo reducido que los acompañaba. No salieron a cenar después del show como lo acostumbraban en algunas ocasiones.

—Fue el día que presentí que algo grave podría pasar, por eso nos fuimos directos al hotel—, dijo.

Arturo continúo con la historia.

"Desde que llegamos a Mazatlán, un par de camionetas con vidrios polarizados nos siguieron. Tras la presentación y camino al hotel, nos cerraron el paso, pero nunca bajó nadie de esas camionetas. Jenni gritaba que no nos detuviéramos, que no abrieran las puertas. Después de varios minutos, nos dejaron pasar."

Arturo me relató que la camioneta en la que viajaban continuó su ruta con más velocidad, pero antes de llegar al hotel, fueron nuevamente interceptados. Todos temían lo peor, Jenni estaba a punto de la histeria. Arturo y el resto del equipo estaban aterrados y el miedo los paralizó.

"Nos volvieron a hacer lo mismo, después de varios minutos, nos abrieron paso y seguimos nuestro camino."

Ese día se hospedaban en uno de los Hoteles El Cid. Ese fue su refugio, pero Jenni y nadie de su equipo pudieron conciliar el sueño, algunos permanecieron juntos. Nadie se sintió seguro hasta que abandonaron el hotel y salieron de Mazatlán.

Nunca olvidaré este relato que anunciaba, sin saberlo, un destino fatal. Tampoco el fuerte abrazo que le di a Arturo antes de desaparecer de aquel ascensor del lobby del Hotel St. Regis.

Juan Gabriel es de otro planeta

Sí, debo aceptar que hasta hace poco tiempo una pequeña parte de mí todavía creía que Juan Gabriel (Alberto Aguilera) estaba vivo. Lo sé, sueno como una lunática, pero tenía motivos.

Mis creencias se basaban en testimonios e informaciones muy importantes. Nada más les digo que tenía un contacto muy cercano al presidente Andrés Manuel López Obrador con el cual yo discutía el tema. O sea, yo juraba que sí.

Pero no les voy a contar eso, sino otra cosa, que nunca publiqué, básicamente porque no podía creer lo que me pasó esa noche de diciembre del 2018.

Cuando le conté una parte a mi productora Carmen Armendáriz, abrió sus estupendos ojazos azules y me alentó muy decidida "yo sí te creo, Figue. Investiga y dime qué necesitas, no se nos puede ir la nota del siglo. Yo te apoyo". Por fortuna nos rajamos a tiempo.

El caso es que ese diciembre, justo antes de Navidad, me llamó un ex compañero de trabajo que pedía, qué digo pedía, ¡suplicaba!

que me reuniera con él *asap* (*as soon as possible*) porque tenía algo urgente, de vida o muerte, que decirme.

Lo único que me adelantó por teléfono fue: "Nuestro amigo Alberto te manda saludos y confía ciegamente en ti", con música de fondo de Juan Gabriel "en vivo". Hagan de cuenta que el Divo de Juárez estaba en pleno palomazo en Garibaldi —así sonaba— y me llamaron para que fuera testigo.

Por supuesto que, después de mis "otras" conversaciones, moría de curiosidad y allá voy dispuesta a traerme la nota de ocho columnas bajo el brazo.

Me da un poco de pena porque no averigüé más y me aventé como "El Borras" a ver al hombre que me citó en un restaurante argentino, en pleno Masaryk, en el corazón de Polanco. No crean que soy una loca desmecatada. Bueno sí, pero, recuerden que quien me llamó era un compañero de trabajo (de Cadena 3) al cual consideraba normal. Bueno, la neta no estaba muy completo pero…

Cuando llegué, vi que el personaje no estaba solo, lo acompañaba una rubia despampanante y otro chavo "X", todos comían a diente suelto. Empanadas, bife de chorizo, ensalada, papas a la francesa, chistorra, queso provolone. Yo, cosa rara, perdí el apetito ¡Se los juro! Y miren que siempre tengo hambre: llueve, truene o caiga granizo.

Para abrir boca me soltaron que todos eran amigos cercanos de Alberto Aguilera Valadez (de Juan Gabriel, pues) y tenían que hablar conmigo porque necesitaban ayuda.

—¿Para qué soy buena? —, les pregunté.

—Para que nos ayudes a contarle al mundo que él está vivo.

—¿En dónde está?

—En Morelos. Justo ahora vengo de verlo…—, contestó el cabecilla del trío.

—A ver, ¿cómo se trasladó —el día que supuestamente murió— de Los Angeles a Morelos sin ser visto?

—Porque trae un equipo de vigilancia y ayuda impresionante. Además, tiene un ejército a su disposición que lo cuida día y noche.

—¿Cuál ejército?

—Uno fuera de este mundo. Mientras su urna vacía estaba en el homenaje fúnebre en Bellas artes, Alberto ya estaba en una casa de seguridad.

—¿Por eso nadie vio el cuerpo?

—Evidentemente…

—¿El presidente sabe que está vivo?

—¡Claro! Es más, Alberto es asesor del presidente en temas del campo y ayuda para los indígenas…

—¡¿Qué me estás diciendo?!

—Así como lo oyes. Pero todo esto es *top secret* de alto nivel.

—¿Por qué yo?

—Porque eres la única que cree… que sabe… que Alberto está vivo.

En ese tenor iba nuestra charla del 21 de diciembre, mientras los "amigos" de Juan Gabriel apuraban sus copas de vino tinto. Yo no tomé vino, de por sí la plática estaba tan "mafufa", me dio miedo marearme y entender todavía menos.

Eso sí, a pesar de escuchar todo lo anterior, ¡no me moví! Me quedé sentada, estoica, entre necia y paralizada. Solita y valiente. Con más curiosidad que miedo. Y la verdad, muy desquehacerada para estar ahí escuchando tanta jalada.

Y seguí preguntando.

—¿Porque algunos juran que vieron el cuerpo?

—¡Mienten! Alberto está vivo.

—¿Tú por qué lo conoces? —, le pregunté directamente al chavo normalito. Al cuate "X".

—De Ciudad Juárez, lo conocí en una conferencia de prensa, luego lo entrevisté en la radio y nos hicimos muy buenos amigos. Por Semjasé…

Así se llamaba la escuela de música/albergue que fundó Juan Gabriel en la frontera.

Pero de repente la conversación cambió de rumbo (o yo me perdí o no sé qué pasó). Porque me dijo que Semjasé no era el albergue sino ¡una extraterrestre nórdica que venía del planeta Erra! Porque Juan Gabriel no era de este planeta.

Lo que les cuento es poco. Les juro que pensé que la cena era parte de una broma para un programa de cámara escondida.

Cada vez que algún mesero se acercaba a preguntarme si estaba bien, me daban ganas de ponerme a llorar y pedirle que llamara a la policía… o a Jaime Maussan. Y estoy segura que el "chimichurri" en realidad era mariguana, pero de la ponedora.

Después, como si nada, mi ex compañero empezó a reproducirme mensajes de voz grabados en su teléfono. Eran para mí, de parte de la capitana mayor extraterrestre —o algo así— me enviaba cordiales saludos y decía que estaba escuchando nuestra conversación muy complacida de tenerme entre sus filas.

—Bienve.. nida a nues…tro… e..quipo…soy la ca.. pi…tana… y..es..toy pa..ra us ted… pet…tr…zet…net…xy…yuz..prte..aziz.

Y se arrancó como hilo de media, 4 mensajes.

Después de escuchar el último, le contesté "muchas gracias, igualmente, señora Capitana" (lo cortés no quita lo valiente) y me levanté alegando que era tardísimo, que tenía otro compromiso por atender. El sentido común me había regresado al cuerpo.

Ya para despedirnos, este cuate me detuvo del brazo y dijo con gran seriedad: "No te he dicho lo más importante… a Juan Gabriel ¡se lo llevaron los ovnis!"

Me explicó que lo llevan y traen de diferentes planetas "a discreción" cada cierto tiempo y que dichos extraterrestres están asociados con la 4T y con los de la cuarta dimensión.

No me reí porque soy una santa. Sólo me despedí con un hilillo de voz: "Saludos a Alberto, te llamo en enero, después del 6 y nos organizamos", (jajajajajajaja). Como cuando Clavillazo le canta al loquito "… de piedra ha de ser la cama, de piedra la cabecera", en la película *El castillo de los monstruos*.

Me suplicó al borde de las lágrimas: "¡Por favor, ayúdame a cambiar el mundo! Piénsalo…tú y yo en la primera plana de todos los periódicos internacionales, haciendo frente común con el presidente (AMLO), Alberto (Juanga), Semjasé y nuestros hermanos de otros planetas. Juntos, en un mismo ejército, con una sola misión."

¡Dios misericordioso, apiádate de mí! ¡Soy la más tonta de las Galaxias!

Abandoné muy despacio —hasta con clase— el restaurante y luego… corrí despavorida como esquivando balas ¡ay nanita, ay nanita, ay nanita!

Ya en el coche, me entró un ataque de risa y una vergüenza que todavía no se me quitan.

El juego de ambición de Laura Bozzo

Hace años que, en México, Laura Bozzo levanta todo tipo de pasiones, muchos la adoran otros no. Para algunos, la personalidad de la reina de los *talk shows* ha representado un infierno en la Tierra, así lo describe la periodista radicada en Miami, María Elvira Salazar.

La tarde de ese verano del año 2000, cuando Laura Bozzo hizo su arribo a Televisa, presumía de viajar en aviones privados y de conocer muy de cerca a la élite política de su país y al repudiado expresidente Alberto Fujimori, encarcelado y ahora en arresto domiciliario como consecuencia de sus crímenes de corrupción.

Cómo no describir sus ojos y el rostro de asombro cuando pisó por primera vez las instalaciones de Televisa San Ángel y juró, como parlamento de telenovela, que ella tenía que trabajar ahí y tendría un camerino igual al de las estrellas del emporio televisivo más deseado por quienes buscan la fama y el éxito. El juramento que tal vez hizo, encerrada en su camerino asignado para un par de días debido a una participación especial en *Hasta en las mejores familias*, le funcionó de maravilla a la ya popular conductora de televisión, aunque para su mala suerte, en ese momento su deseo no fue concedido tan pronto, como ella lo hubiera querido.

El tiempo pasó y cayó sobre ella la desgracia, un arresto domiciliario en Perú, mientras enfrentaba un juicio legal por estar implicada en una red de corrupción, un caso del que salió exculpada de los cargos de asociación delictuosa.

La paciencia y la fidelidad a su obsesión compensaron años amargos, encierros y tristezas: años después, su sueño más anhelado se hizo realidad al trabajar, por fin, para Televisa.

Quienes conocen la personalidad de Laura Bozzo aseguran que es ególatra, manipuladora, ambiciosa y traicionera. El productor Federico Wilkins fue el vínculo entre la también llamada "abogada de los pobres" y Televisa. Fue Wilkins quien la presentó con Emilio Azcárraga, y a quién después demostró su ingratitud.

Pero Wilkins no fue la única persona a quien evidenció su deslealtad, María Elvira Salazar, periodista y aspirante por segunda ocasión al Congreso de Estados Unidos para representar al sur de la Florida, también vivió en carne propia su traición, tal y como lo narra en su libro publicado por Editorial Grijalbo en 2010, *Si Dios contigo, ¿quién contra ti?* En el prólogo relata el infierno que padeció al conocer y cruzarse en el camino de la presentadora de *talk shows;* el desprestigio que llegó a su vida por las mentiras y la manipulación que vivió gracias a Laura Bozzo. Esa ingratitud, egolatría y perversidad, María Elvira Salazar la describe como nadie:

"Descubrí que el demonio tiene muchas caras… de pronto puede vestirse de mujer, con ropajes costosos y poses estudiadas. Tiene trucos para engañarnos, manipularnos y hacernos caer en sus trampas. No importa lo inteligentes, preparados o estudiados que podamos ser. Satanás no necesita un tridente en la mano para manifestarse.

A veces un micrófono y una cámara de televisión son más que suficientes."

En el 2008 yo trabajaba para SBS y Mega TV, la televisora que también era propiedad de ese corporativo. A menudo, María Elvira Salazar me tenía de invitado en su programa para hablar de algunos temas que estaban en el *spot light* relacionados con los medios de comunicación o con alguna celebridad. Yo era el director del área multimedia de la empresa. Recuerdo perfectamente el día que logró la entrevista con Laura Bozzo y, años después, pudo estar una vez más, cara a cara, frente a la mujer que en palabras de la periodista la había "enterrado bajo los escombros del desprestigio y el olvido profesional".

No se me olvida que, en la sala de juntas, frente a los ejecutivos de Mega TV y de las divisiones radiales de la empresa, la noticia de que María Elvira tenía una entrevista con Laura Bozzo adquirió relevancia y una prioridad pocas veces vista. Era una exclusiva con dos mujeres que tenían grandes diferencias, además, después de siete años, Salazar había podido entrevistarla en Santo Domingo, República Dominicana. Era el 2008 y el encuentro fue un trancazo no sólo en el programa que tenía María Elvira en Mega TV; el revuelo en los medios era de una gran expectativa por tratarse de una rivalidad añeja y de los resentimientos guardados en dos mujeres de carácter explosivo.

Rivalidad que inició cuando Bozzo insinuó, con una cinta "manipulada y grabada de manera ilegal; una conversación editada sin consentimiento" —según palabras de la periodista— donde Vladimiro Montesinos le pedía a Salazar que le diera un mensaje a Laura Bozzo. El mensaje de la discordia era simple, pero demasiado peligroso y comprometedor para la periodista cubanoamericana. El mensaje que dio a conocer la célebre reina de los *talk shows* era el siguiente:

"Vladimiro Montesinos necesitaba que Bozzo le ayudara a pagar a sus abogados."

Años después de ese incidente, Salazar confrontó a Bozzo durante su encuentro. El resentimiento guardado de la periodista tenía que ver con las acciones que se tomaron contra ella tras la divulgación de esa "grabación ilegal, manipulada" que Bozo filtró y en la que hacía parecer a la periodista como cómplice de Vladimiro Montesinos, ex jefe del Servicio de Inteligencia Nacional (SIN) en Perú, condenado a prisión por diversos delitos, entre ellos, el de corrupción.

Las consecuencias de esa grabación, ofrecida por Laura Bozzo, no tardaron en llegar: Telemundo despidió a Salazar como presentadora del noticiero nacional y sobrevino el desprestigio que casi "la lleva a la muerte profesional", según cuenta la periodista.

Tras aquel explosivo encuentro, Bozzo dirigió su desgastado presente hacía el poder televisivo en otro país para convertir su futuro en una carísima moneda de cambio.

Llegó a México y tejió una red de amistades que la llevaron a escalar las altas esferas de las dos televisoras más importantes: TV Azteca y Televisa.

Su llegada a TV Azteca como primera opción irrumpió con fuerza y su éxito asestó un golpe a la competencia: Televisa. Se adueñó del codiciado *rating* en la barra asignada a los programas de ese tipo y resurgió de las cenizas como la reina de los *talk shows* y del escándalo.

Con el *rating* de su lado, se sintió la todopoderosa y pronto las versiones de maltratos y humillaciones que tenía que soportar su equipo coparon los titulares de todo tipo de revistas, periódicos y programas de televisión. Llegó un momento en que los gritos y maldiciones no ocurrían en el show, sino en el día a día de decenas de trabajadores que tenían que ver con la realización del show.

"Ineptos", dicen, era la palabra favorita de Bozzo para descalificar el trabajo de algunos de sus productores de casos. Cuento con testigos directos que, confrontados entre un sin fin de rumores y la realidad de las peores bajezas e injusticias, relatan los insultos y humillaciones que recibieron de Laura Bozzo. Ella lo sigue negando hasta el día de hoy.

El tiempo pasó y dio un giro de tuerca a su favor. Fue precisamente tras los escándalos constantes de maltrato en torno a su equipo, que la conductora de los shows —repudiados por un gran sector de la sociedad mexicana—, aprovechó para presumir, como en un juego de *póker,* de un *bluff* que su contrincante, TV Azteca, no tuvo la habilidad de descifrar, y Bozzo les ganó.

Mientras negociaba con Televisa, la empoderada reina de los *talk shows*, estuvo a punto de consumar una traición, sin que los ejecutivos del emporio de Azcárraga se dieran cuenta.

Nuevamente estrechaba la mano de quienes ya había conocido en el 2000, cuando Federico Wilkins la presentó con la plana mayor de Televisa. No solamente con Emilio Azcárraga, Jaime Dávila y Jorge Eduardo Murguía.

Fue ese mismo año en el que Bozzo se sentía más poderosa. Recuerdo que frente a mí invitó a Wilkins, productor de *Hasta en las mejores familias* en aquel año, a que "fueran a cenar con «El chino» (Alberto Fujimori)", lo que dejaba ver, sin la menor duda, que "la señorita Laura", ejercía cierta influencia en la cúpula del poder en Perú. Wilkins nunca aceptó la invitación de Laura Bozzo, pero ella sí aceptó gustosa el *tour* de bienvenida a la recién llegada defensora de los pobres a tierra a Azteca. El siguiente sitio a visitar, después de conocer hasta el último rincón de Televisa San Ángel y Chapultepec, fue la Basílica de Guadalupe. Frente a la virgen morena rezó y se declaró fiel devota de la misma imagen que se le había aparecido a Juan Diego. Wilkins le regaló la imagen sagrada para millones de mexicanos y muchos más en todo el mundo. Ahí ocurrió y conoció el primer rechazo de un sector de la sociedad mexicana. Una mujer elegantemente vestida y maquillada la reconoció, se acercó a ella y le preguntó.

—¿Usted qué hace aquí?

Apenas y Bozzo articulaba palabra, cuando la inesperada mujer la volvió a increpar.

—Yo no la quiero aquí y no se meta con mi gente, aquí no la queremos.

Bozzo se quedó pensativa y restó importancia a ese rechazo, siguió fascinada con su imagen de la virgen de Guadalupe y las atenciones que la producción tenía con ella.

Casi 10 años después y con la obsesión de residir en México preparó su terreno para lo que más llenaba su ego: la televisión. Ya había dejado a TV Azteca en medio de conflictos y escándalos, algunos sofocados por quienes la habían llevado de la mano hasta esa televisora, y quienes hacían hasta lo imposible para retenerla. Cuando estuvo a punto de traicionar a Televisa lo hizo en Acapulco, en el departamento de Pepe Bastón, presidente de Televisión y Contenidos de esa empresa. Bozzo se hospedaba en la residencia de Pepe Bastón frente a una de las bahías más bellas del Pacífico mexicano. Atendida hasta en el más mínimo detalle. Desde ahí, de la casa de Bastón, habrían salido varias llamadas hacia sus exjefes, a quienes esperaba, antes de firmar con Televisa, lo que sería la contraoferta del Ajusco.

Fue a espaldas de los ejecutivos, incluido Wilkins, que sería su productor, que la animadora se escapó para reunirse en el mismo Puerto de Acapulco, con Alberto Santini, ejecutivo de TV Azteca. Al final, no lograron convencerla y terminó por consumar el anhelado sueño de ser una estrella más de "El canal de las estrellas".

Al sentirse deseada por la televisora de San Ángel fue arropada por un contrato millonario que, entre otras cosas, incluía un departamento en Acapulco, una camioneta de lujo y uno que otro capricho, según me relataron los testigos de ese contrato.

Laura, el nuevo pero desgastado show que habían arrebatado a TV Azteca, se alzó por algún tiempo con el *rating* para el regocijo de San Ángel, pero con ese mismo orgullo y satisfacción llegaron otros escándalos. No relataré todos, sólo uno en especial que a mí me tocó presenciar —y capotear— para de inmediato huir del estilo escandaloso de la nueva estrella de Televisa.

En septiembre del 2013 yo vivía en Atlanta y tenía cuatro años trabajando para la cadena de noticias CNN. También tenía a mi cargo, editorialmente, el programa de Aristegui que se transmitía desde la Ciudad de México en vivo y en horario *prime time*. De hecho, en ese entonces, Aristegui cerraba la barra de la programación de la cadena para dar paso a los inesperados *breaking news* o los shows que durante las siguientes cinco horas se repetían como estrategia de programación.

En México y en la víspera de las celebraciones de la Independencia, una doble tragedia ensombrecía los festejos. El huracán Ingrid golpeaba las costas del Golfo de México y la tormenta Manuel hacía lo mismo en el Pacífico, el puerto de Acapulco se convirtió en una de las zonas devastadas.

Decenas de muertos, daños a miles de viviendas y para asombro de millones, el puerto de Acapulco había quedado bajo el agua.

De esa tragedia se derivó aquel escándalo que golpeó a Carmen Aristegui. La periodista, en el programa que hacía en las mañanas para MVS y por las noches con CNN, había dado a conocer la noticia y unas fotografías en las que se mostraba "el uso de un helicóptero del gobierno del Estado de México, no para llevar ayuda, sino para ponerlo al servicio de Laura Bozzo y montar un show con el uso de recursos públicos", como se relató en varios medios.

Desde Televisa, Bozzo se le fue a la yugular a Aristegui llamándola "mentirosa". Sin embargo, era Bozzo la evidenciada, no sólo por Carmen Aristegui, lo mismo por otros medios de prestigio como la revista *Proceso*, que relataron "el uso indebido de recursos para realizar un show en medio de una tragedia".

Laura Bozzo, fiel a su estilo, reclamaba encolerizada a Aristegui, quien sensata e inteligente, no dio motivos para enredarse en un pleito vulgar, sólo dio la noticia de un acto incongruente ante la tragedia que vivía México. Estaba claro. Aristegui no se sumaría al show de Bozzo, por más insultos que lanzara. La animadora de Televisa se quedó con las ganas de pelear. En CNN tampoco caímos en la provocación. En el programa de Aristegui sólo se tomó la decisión de hablar de los hechos, dar una noticia y rechazar todo aquello que entrara en el terreno de la ofensa y la hostilidad.

Pasó la tormenta. Un día, frente a todos los monitores donde llegan las señales de las más importantes televisoras del mundo, una imagen en particular me llamó la atención: vi a la autoproclamada "abogada de los pobres" aparecer frente a ellos, los pobres, vestida de Chanel, y al día siguiente con sus enormes cinturones con la doble GG, símbolo del emporio Gucci. Ese desplante en su vestuario será siempre como una bofetada al público que dice amar; exhibir ante ellos una vida ostentosa, un lujo que se cuartea cuando grita encolerizada que es una "chola serrana" y que nunca se quedará callada, es más que una falta de tacto, sólo la muestra como una mujer ambiciosa e insensible.

Luis Miguel y Aracely on the Beach

Era una tarde de primavera, en el 2006, cuando recibí la llamada de uno de mis contactos para decirme que Luis Miguel y una mujer estaban hospedados en un hotel de Santa Mónica, California; no supo decirme con quién, pero yo estaba casi seguro que era Aracely Arámbula, porque en ese momento todo el mundo hablaba del romance del cantante y la actriz. Tras colgar la llamada me puse en contacto con uno de los fotógrafos con los que habitualmente trabajaba. La idea era que estuviera dispuesto a montar guardia día y noche si fuera necesario para capturar con la lente a la pareja. Llegué al Hotel Shutters on the Beach, en Santa Mónica, California y pedí una habitación.

Me hospedé durante tres días en ese lujoso hotel y desde la primera noche comprobé que el "Sol de México" estaba en el lugar.

Después de instalarme y recorrer la piscina y todas las instalaciones del hotel, me dirigí al lobby. Me acomodé en uno de los mullidos sillones color chocolate con varias revistas y un par de libros. Pedí no sé cuántas limonadas, naranjadas, agua mineral y una que otra cerveza, mientras pasaba de una revista a un libro y viceversa.

Me harté del sillón porque casi me quedo dormido debido al efecto somnoliento que en mi caso produce la cerveza. Por eso cambié de lugar. Con mis libros y revistas me fui al bar, que estaba a unos pasos de donde me encontraba. Cambié la cerveza por algo que me despertara o me pusiera en alerta. Un martini *beefeater* fue la opción ideal para lo que se había convertido en un día demasiado largo. No habían pasado más de 30 minutos, aunque ya tenía casi tres horas en el lobby, cuando pude percibir una suave, pero embriagante loción amaderada. Luis Miguel se sentó a poco más de un metro de mi lugar. En la misma barra, podría decir que casi casi brindamos. Pero no, mi misión era otra. Así que preferí guardar silencio, escuchar y disfrutar mi bebida mientras él tomaba una copa de vino tinto, una copa que movía y movía en círculos pausados. Preferí hacerme el que no lo reconocí. El cantante estaba solo, vestía todo de negro, una gorra del mismo color y unos zapatos estilo *loafers* que casi estoy seguro eran *Gucci* o *Ferragamo,* por el tipo de hebilla, pero como ya era de noche me fue difícil distinguir.

Luis Miguel lucía delgado, no mostraba señales de musculatura porque portaba una *bomber jacket,* pero como siempre muy galán, aun cuando su vestimenta era sencilla. Nunca ha necesitado del clásico traje y corbata para lucir elegante, porque la clase siempre ha sido su sello característico. Si bien era de noche, el bronceado se le notaba perfecto.

"El Sol" estaba hospedado ahí tal y como me lo habían advertido. Un hotel de lujo que, si bien está cerca del Pier de Santa Mónica, la playa aún goza de cierta privacidad. Desde sus terrazas se pueden apreciar las puestas de sol más bonitas de California, gozar de la belleza del cielo y de un discreto sonido del mar. No pasaron más de 30 minutos desde que se había sentado cuando una persona lo buscó y le habló en un tono muy bajo. Luis Miguel se retiró. La persona que había interrumpido al cantante se encargó de cerrar la cuenta. Inmediatamente marqué al celular del fotógrafo para saber su ubicación y me confirmó que estaba frente al auto de Luis Miguel. También me dijo que tenía todo bajo control y que estaba en el mejor ángulo para que nadie pudiera verlo. Me dio detalles: el automóvil de Luis Miguel era un clásico Mercedes—Maybach negro y estaba justo por salir, del lado izquierdo, cerca de la entrada principal del Hotel. Mi fotógrafo ya había hecho su propia investigación con el *valet parking*. Le pedí que no se moviera porque Luis Miguel podría salir en cualquier momento. Me volví a ubicar en el lobby con mis libros y revistas, pero atento a todo movimiento.

Cuarenta minutos más tarde Luis Miguel y Aracely Arámbula salían a paso veloz. Yo sólo esperaba que el fotógrafo no fuera a perder el momento más esperado. Alcance a ver a Aracely radiante y elegantemente vestida, él también impecable, pero con otro atuendo distinto al que tenía cuando lo vi en el bar. Yo los seguí, pero la distancia entre el *lobby* y la entrada principal es muy corta y pronto abordaron su auto y salieron rápidamente. Mi fotógrafo sonreía porque había logrado captarlos perfectamente. Está de más decir que esas fotos no sólo fueron portadas de revistas, también salieron en todos los programas de espectáculos en Estados Unidos, México y muchos otros países. ¿Por qué ocurrió esto si el fotógrafo estaba trabajando para mí? La respuesta es simple: ambición. Era Luis Miguel y Aracely Arámbula, y el fotógrafo no dudo en obtener mayores ganancias. Pudo más el dinero que nuestra relación profesional de años. Me traicionó: vendió las imágenes al mejor postor. Me enteré de esto precisamente cuando, desde Nueva York, mis jefes me llamaron para darme la noticia de que mi historia de Luis Miguel y Aracely se cancelaba porque ya estaba en todos los programas de televisión de Univisión y Telemundo.

Nadie sabe para quién trabaja. Me encabroné tanto que le dije al fotógrafo hasta de lo que se iba a morir. Jamás volví a trabajar con él. Me quedé con la frustración de lo que sería una gran portada. Esto es lo que nunca se supo de aquel momento, cuando Luis Miguel y Aracely estuvieron juntos en ese hotel más de una semana... hasta que los descubrí. Yo sólo estuve tres días y después de esa noche no me los volví a encontrar en aquel lugar. Al segundo día de mi estancia en el Shutters on the Beach me enteré de varios y muy interesantes detalles. Que Luis Miguel y Aracely parecían vampiros porque sólo salían de noche. Aunque sí llegaron a usar el gimnasio, según me relataron tímidamente algunos de los trabajadores. Yo conversaba con todos los empleados que podrían darme cualquier información, aunque más de alguno me pidió discreción porque estaba en riesgo su trabajo.

Desde el primer día en el hotel, Luis Miguel solicitó a la gerencia que cambiaran todas las cortinas por unas de color negro. Esta historia sobre las exigencias de Micky ya la había escuchado, pero siempre creí que era una de las tantas cosas raras que rodean la misteriosa vida del intérprete de "La incondicional". Hice mucha labor de convencimiento hasta que una de las señoras que hacía la limpieza de las habitaciones me confió un sin fin de detalles, con la condición de que sólo podía revelar la información hasta que la pareja se marchara del lugar. Me dijo que su supervisor tenía la orden de colocar las cortinas negras para que no se filtrara nada de luz. El cantante quería una obscuridad total para el descanso. La petición fue concedida y cambiaron todas las cortinas de la suite tal y como Luis Miguel lo solicitó. Lo entendí perfectamente, porque es cierto, aun cuando las ventanas tenían unas persianas blancas de madera —*wood shutters*— y además cortinas de colores neutros, no era suficiente, porque aun así se filtra algo de luz tenue. Comprendí entonces que la petición del intérprete de "Cuando calienta el sol", era totalmente justificada.

También me enteré que durante su estancia solicitaban el clásico *room service*. Siempre tarde, los desayunos tipo almuerzo: frutas, cereales, jugos, agua siempre embotellada y, horas después, algunos mariscos y pescado. El vino y la champaña también eran habituales. La pareja se había hospedado en las mejores suites que tenía el hotel y, obvio, la más cara. La Beach House Suite era como un apartamento con una gran recamara con chimenea incluida. Una sala con otra chimenea y amplia sala y comedor, ¡una mini casa! Toda la decoración con estilo tipo Handcrafed California, con pisos de madera recubiertos en zonas estratégicas, tapetes para acentuar la calidez de la suite que por las noches suele ser fría, por la cercanía del mar. Flores frescas y orquídeas blancas en el baño con acabados de mármol y grandes espejos bien iluminados. Este es uno de los lugares que, estoy seguro, Aracely Arámbula aún debe recordar con especial cariño, por los grandes momentos felices de un romance que culminó con un par de niños que son su adoración.

Acerca de los autores

Martha Figueroa (CDMX, 1966) es una de las periodistas de entretenimiento más reconocidas de México por acertada, valiente y desenfadada. Ha sido reportera, guionista y presentadora de radio y televisión durante 32 años. Su columna "De vuelta al ruedo", en el diario *Reforma*, fue una de las más leídas durante 12 años. Su estilo como escritora ha sido elogiado por personajes como Roberto Gómez Bolaños "Chespirito", Jacobo Zabludovsky y Xavier López "Chabelo".

Es autora de los libros *Micky: un tributo diferente* (2012) —vendido en más de 11 países— y *Calladita me veo más Bonita* (2014). Conduce la sección de espectáculos del matutino *Hoy* y el programa *Con Permiso*. En éste libro continúa practicando su deporte favorito: reírse de sí misma y de la actualidad.

René Solorio Estrada (CDMX, 1967) Tiene más de 30 años de carrera periodística como reportero, presentador de televisión y director de revistas y medios digitales, tanto en México como en Estados Unidos. Sus inicios en *El Universal* lo convirtieron en un profesional que lo mismo entrevistaba a políticos, intelectuales o realizaba una crónica de la farándula.

Fue reportero de *Ciudad desnuda* y *Hechos*, en TV Azteca y de *Duro y directo* en Televisa, donde también fungió como jefe de contenidos del programa *Hoy* y *Zona Abierta*, del escritor Héctor Aguilar Camín; fue presentador del noticiero *Es Noticia* en canal 4. En Editorial Televisa colaboró para la revista *GeoMundo* y fue director de *TeleGuía*.

En Estados Unidos también ha desarrollado una carrera profesional tanto en el mundo editorial como televisivo. Durante 8 años trabajó en Nueva York para American Media Inc. donde fue director editorial de *¡Mira!* y editor ejecutivo de *Thalía, la revista*, así como el consultor

194

editorial de *Shape*. Desarrolló para SBS—MegaTV, en Miami, el portal lamúsica.com y creó el programa en la web bajo el mismo concepto. Hace casi una década trabaja para *CNN en español*, donde ha sido presentador en diversos espacios de la cadena. Actualmente es productor editorial de *CNN Dinero*. Ha recibido 5 nominaciones al *Emmy* en la categoría de escritor.

Las historias que nunca contamos de Martha Figueroa y René Solorio
se terminó de imprimir en octubre de 2020
en los talleres de
Litográfica Ingramex, S.A. de C.V.
Centeno 162-1, Col. Granjas Esmeralda, C.P. 09810,
Ciudad de México.